Nahtod-Erfahrungen und Jenseitsreisen

Der Blick auf die andere Seite der Wirklichkeit

von

Stefan Högl

Tectum Verlag
Marburg 2000

Die Deutsche Bibliothek - CIP-Einheitsaufnahme

Högl, Stefan:
Nahtod-Erfahrungen und Jenseitsreisen.
Der Blick auf die andere Seite der Wirklichkeit.
/ von Stefan Högl
- Marburg : Tectum Verlag, 2000
ISBN 978-3-8288-8178-5

© Tectum Verlag

Tectum Verlag
Marburg 2000

Für Andreas
✝ 1996

Ich leb´, ich weiß nicht wie lang,
ich sterb´, ich weiß nicht wann,
ich fahr´, ich weiß nicht wohin:
Mich wundert, daß ich so fröhlich bin

Alter deutscher Vers[1]

---

[1] Zit. nach Kaldewey, 1992, 145.

Inhaltsverzeichnis

O. DIE ENTDECKUNG DES PHÄNOMENS IN DEN SIEBZIGER JAHREN ... 7

I. DAS „NEAR-DEATH EXPERIENCE" - EIN SCHWER ABGRENZBARES ERLEBNIS ... 9

1. Medizinische Rahmenbedingungen ... 9
   1.1. Todesnähe und -zeitpunkt ... 9
   1.2. Neurophysiologische Korrelate ... 10
2. Äußere Umstände ... 11
3. Verwandte Erscheinungen ... 12
4. Abgrenzungsprobleme ... 14
5. Probleme und Verlauf der Nah-Todesforschung ... 14
   5.1. Forscher und Forschung ... 14
   5.2. Probleme repräsentativer Befragung ... 17
   5.3. Terminologie ... 18

II. DER WECHSELSEITIGE EINFLUß VON RELIGION UND NAH-TODESERLEBNIS ... 21

1. Religiöser Hintergrund beim Nah-Todeserlebnis ... 21
   1.1. Der herannahende Tod und das Verlassen des Körpers ... 21
   1.2. Durchgangsstadien ... 22
   1.3. Begegnungen mit Personen und Wesen ... 24
   1.4. Selbstwahrnehmung und Wahrnehmung von Umgebung ... 27
   1.5. Lichtwesen und emotionale Situation ... 29
   1.6. Lebensrückschau und besondere Wahrnehmungen ... 33
   1.7. Die Rückkehr und das Leben danach ... 37
2. Religiöse Jenseitswelten im Vergleich zu Aspekten des Nah-Todeserlebnisses ... 39
   2.1. Vorgeschichtliche Religionen ... 40
   2.2. Indigene und amerikanische Religionen ... 42
   2.3. Östliche Religionen ... 45
   2.4. Religionen des Alten Orients und der römisch-griechischen Antike ... 49
   2.5. Judentum ... 56
   2.6. Christentum ... 58
   2.7. Islam ... 61
3. Gegenseitiger Einfluß: Spekulation und Gewißheit ... 64
   3.1. Sichere Zahlen: Die „Färbung" des Nah-Todeserlebnisses ... 64
   3.2. Auf der Suche nach Hinweisen: Wer war Experiencer? ... 66
   3.2.1. Vorgeschichte - Naturreligionen ... 68
   3.2.2. Östliche Religionen, Orient und Antike ... 69
   3.2.3. Judentum - Christentum - Islam ... 73
   3.3. Das Verbindungsstück der Religionen - einst und morgen? ... 76
4. Nah-Todeserlebnisse als Motor religiöser Entwicklung ... 77

- 4.1. Religionen der originären Naturverbundenheit 77
- 4.2. Religionen der mythischen Weltsicht 79
- 4.3. Religionen der göttlichen Sendung 81
- 4.4. Paranormale Erfahrungen und die Entwicklung der Religionen 84
- 5. Außerreligiöse Hinweise auf Nah-Todeserfahrungen 88
- 6. Reaktionen von Glaubensgemeinschaften und Theologen 90
  - 6.1. Kritische und ablehnende Beurteilungen 90
  - 6.2. Positive Reaktionen 91
  - 6.3. Ein Modell zur Interferenz von NTEs und religiösen Vorstellungen 93
  - 6.4. Grundsätzliche Akzeptanzprobleme in den Weltreligionen 94

III. ERKLÄRUNGSANSÄTZE VERSCHIEDENER DISZIPLINEN 97

- 1. Medizinische Erklärungen 97
  - 1.1. Exkurs: „Negative" Nah-Todeserfahrungen 98
- 2. Neurobiologische Begründungsmodelle 100
- 3. Psychologische Erklärungen 104
- 4. Probleme einer Explikation im naturwissenschaftlichen Paradigma 106
- 5. Teilrealistische Konzeptionen 108

IV. PHILOSOPHISCHE FRAGEN 111

- 1. Der Tod und seine Definition als „point of no return" 111
- 2. Der Dualismus und das Leib-Seele-Problem 112
- 3. Die Probleme eines „empirischen" Gottesbeweises 112
- 4. Prinzipielle Probleme bei der Einordnung von Berichten 113
  - 4.1. Allgemeine Schwierigkeiten 113
  - 4.2. Die Verifikationen 114
- 5. Spezielle Probleme bei einzelnen Aspekten 116
- 6. Erkenntnistheoretische Fragen 118

V. SCHLUßBETRACHTUNG 121

VI. LITERATURVERZEICHNIS: 123

- 1. Allgemeine Literatur 123
- 2. Religiöses Schrifttum 137
- 3. Elektronische Foren und Adressen: 137

VII. ABKÜRZUNGSVERZEICHNIS. 139

VIII. ANHANG 141

VORBEMERKUNG

Die nachfolgende Studie wurde 1997 als Magisterarbeit unter dem Titel Die religiöse Dimension der Nah-Todeserfahrungen für die Universität Regensburg verfasst. Für die Veröffentlichung wurde der Text nochmals bearbeitet.

In der Untersuchung wurden neben bereits veröffentlichten Erlebnisberichten auch Schilderungen von Personen verwandt, die ihre Anonymität ganz oder teilweise gewahrt wissen wollen. Um die zum Teil sehr aussagekräftigen Beschreibungen dennoch in die Ausführungen einzubinden, wurden die persönlichen Daten so weit wie nötig zurückbehalten und die Namen durch numerierte Kürzel ersetzt.

Von insgesamt 77 Personen wurden 81 verschiedene Berichte bzw. Stellungnahmen[2] eingehend untersucht. Diese sind im Anhang in einer vergleichenden Übersicht dargestellt, ohne daß dabei statistische Relevanz beansprucht würde.[3]

---

[2] Die zahlenmäßige Differenz ist durch mehrfache Erlebnisse einzelner Personen bedingt.
[3] Zu den Problemen repräsentativer Erhebungen Vgl. Kap.I.5.2.

O. DIE ENTDECKUNG DES PHÄNOMENS IN DEN SIEBZIGER JAHREN

Nah-Todeserfahrungen[4] (NTEs) stellen einen vergleichsweise neuen Untersuchungsgegenstand dar. Öffentlich bekannt wurden derartige Erlebnisse um die Mitte der siebziger Jahre als der amerikanische Arzt Raymond A. Moody mit seinem ersten Buch[5] auf breites Interesse stieß.[6]

Angeregt durch Hinweise und Berichte aus dem Bekanntenkreis[7] widmete sich der Arzt und promovierte Philosoph seit Ende der sechziger Jahre diesem Phänomen. Dabei stieß er vor allem auf Schilderungen von Personen, die dem biologischen Tod schon einmal recht nahe gekommen oder im medizinischen Sinn tot waren. Aus diesem Grund waren und sind Nah-Todeserfahrungen als Erlebnisse ehemals klinisch toter Personen bekannt geworden.

Ungeachtet der seither fortgeschrittenen Nah-Todesforschung gilt Moodys erste Publikation als Klassiker; die dort zusammengefaßte Darstellung des NTEs ist trotz seiner idealtypischen Gestalt eine geeignete Charakterisierung:

„Ein Mensch liegt im Sterben. Während seine körperliche Bedrängnis sich dem Höhepunkt nähert, hört er, wie der Arzt ihn für tot erklärt. Mit einemmal nimmt er ein unangenehmes Geräusch wahr, ein durchdringendes Läuten oder Brummen, und zugleich hat er das Gefühl, daß er sich sehr rasch durch einen langen, dunklen Tunnel bewegt. Danach befindet er sich plötzlich außerhalb seines Körpers, jedoch in derselben Umgebung wie zuvor. Als ob er ein Beobachter wäre, blickt er nun aus einiger Entfernung auf seinen eigenen Körper. In seinen Gefühlen zutiefst aufgewühlt, wohnt er von diesem seltsamen Beobachtungsposten aus den Wiederbelebungsversuchen bei.

Nach einiger Zeit fängt er sich und beginnt, sich immer mehr an seinen merkwürdigen Zustand zu gewöhnen. Wie er entdeckt, besitzt er noch immer einen »Körper«, der sich jedoch sowohl seiner Beschaffenheit als auch seinen Fähigkeiten nach wesentlich von dem physischen Körper, den er zurückgelassen hat, unterscheidet. Bald kommt es zu

---

[4] Synonym wird auch der Ausdruck Nah-Todeserlebnis verwandt. Zur Terminologie Vgl. Kap.I.5.3. und III.5.
[5] *Life after Life: The investigation of a phenomenon - survival of bodily death*, Mockingbird Books: Covington, Georgia, 1975.
[6] In der deutschsprachigen Ausgabe des *Reader's Digest* erschienen Auszüge von Moodys ersten beiden Büchern in der März- bzw. Septemberausgabe 1977.
[7] Vgl. Moody, 1977, 14-18.

neuen Ereignissen. Andere Wesen nähern sich dem Sterbenden, um ihn zu begrüßen und ihm zu helfen. Er erblickt die Geistwesen bereits verstorbener Verwandter und Freunde, und ein Licht und Wärme ausstrahlendes Wesen, wie er es noch nie gesehen hat, ein Lichtwesen, erscheint vor ihm. Dieses Wesen richtet - ohne Worte zu gebrauchen - eine Frage an ihn, die ihn dazu bewegen soll, sein Leben als Ganzes zu bewerten. Es hilft ihm dabei, indem es das Panorama der wichtigsten Stationen seines Lebens in einer blitzschnellen Rückschau an ihm vorüberziehen läßt. Einmal scheint es dem Sterbenden, als ob er sich einer Art Schranke oder Grenze nähere, die offenbar die Scheidelinie zwischen dem irdischen und dem folgenden Leben darstellt. Doch ihm wird klar, daß er zur Erde zurückkehren muß, da der Zeitpunkt seines Todes noch nicht gekommen ist. Er sträubt sich dagegen, denn seine Erfahrungen mit dem jenseitigen Leben haben ihn so sehr gefangengenommen, daß er nun nicht mehr umkehren möchte. Er ist von überwältigenden Gefühlen der Freude, der Liebe und des Friedens erfüllt. Trotz seines inneren Widerstandes - und ohne zu wissen, wie - vereinigt er sich dennoch wieder mit seinem physischen Körper und lebt weiter.

Bei seinen späteren Versuchen, anderen Menschen von seinem Erlebnis zu berichten, trifft er auf große Schwierigkeiten. Zunächst einmal vermag er keine menschlichen Worte zu finden, mit denen sich überirdische Geschehnisse dieser Art angemessen ausdrücken ließen. Da er zudem entdeckt, daß man ihm mit Spott begegnet, gibt er es ganz auf, anderen davon zu erzählen. Dennoch hinterläßt das Erlebnis tiefe Spuren in seinem Leben; es beeinflußt namentlich die Art, wie der jeweilige Mensch dem Tod gegenübersteht und dessen Beziehung zum Leben auffaßt."[8]

Seit dieser ersten Zusammenfassung sind gut zwanzig Jahre vergangen; verschiedene Disziplinen haben sich mittlerweile der Erforschung des NTE-Phänomens gewidmet. Neben einigen Modifikationen an Moodys Charakterisierung haben sich eine Reihe von Diskussionspunkten ergeben, die sich im Zusammenhang des NTE stellen: Diese reichen von medizinischen, insbesondere neurophysiologischen Aspekten bis hin zu generellen Fragen, die im Zusammenhang mit dem Tod aufgeworfen werden. Da hiervon auch religiöse und wissenschaftstheoretische Grundpositionen sowie persönliche Wertvorstellungen tangiert sind, sind die Schlußfolgerungen im einzelnen recht unterschiedlich.[9]

---

[8] Moody, 1989a, 27-29. Text im Original kursiv.
[9] Vgl. Elsaesser Valarino, 1995, 7.

I. Das „Near-Death Experience" - ein schwer abgrenzbares Erlebnis

Eine der zentralen Frage der Nah-Todesforschung ist die nach der Realität des Phänomens. Während das neurophysiologische Explikationsmodell[10] ausschließlich subjektive Ursachen für das NTE annimmt, wird im Rahmen anderer Erklärungsansätze oft eine objektiv vorhandene Erfahrungsgrundlage vorausgesetzt. Um NTEs qualitativ von anderen Erlebnissen zu unterscheiden, die ungeachtet ihrer jeweiligen Natur als außeralltäglich oder übernatürlich beschrieben werden, werden einige Abgrenzungskriterien diskutiert: Die Umstände des Auftretens von Nah-Todeserfahrungen, die dort vorgefundenen Elemente sowie mögliche Auswirkungen der körperlichen Rahmenbedingungen auf Erlebnisinhalte und -auswirkungen.

Die vergleichsweise junge Nah-Todesforschung hat neben den genannten zentralen Fragen auch fachspezifische und interne Probleme, die in ihrer Gesamtheit den Forschungsverlauf mitunter beeinflußt haben. Auch von dieser Seite haben sich Schwierigkeiten hinsichtlich der Abgrenzung des Nah-Todeserlebnisses ergeben.

1. Medizinische Rahmenbedingungen

1.1. Todesnähe und -zeitpunkt

Die Fixierung auf medizinische Rahmenbedingungen des Nah-Todeserlebnisses ist vor allem vor dem Hintergrund der Entdeckung des Phänomens bei klinisch toten Patienten zu verstehen. Infolgedessen wurde das NTE anfangs als Folge bzw. Produkt einer körperlichen Grenzsituation angesehen.[11]

Die Definition des Todes(zeitpunkts)[12] - beim klinischen wie beim Hirntod - ist umstritten.[13] Hinzu kommen Probleme bei der Feststellung im Einzelfall.[14] Ungeachtet dieser Schwierigkeiten im thanatologischen Bereich steht für die beobachteten Fälle von Nah-Todeserfahrungen fest, daß diese stets von Gehirnaktivität begleitet waren.

---

[10] Zu den verschiedenen Erklärungsmodellen Vgl. Kap.III.
[11] Vgl. Moody, 1989a, 155.
[12] Zur Definition des Todes Vgl. Kap.IV.1.
[13] Vgl. Hoff, 1994 sowie von Eiff, 1984, 33-36 und Spittler, 1995, 108-110.
[14] Vgl. Spreng, 1987, 12-14.

Schröter-Kunhardt bezeichnet diese als maximale Gehirnkapazität.[15] Auch eine EEG-Nullinie schließt seiner Ansicht nach „tiefergelegene Entladungen" nicht aus.[16]

Bei weitem nicht alle Personen, die klinisch tot waren und wiederbelebt wurden, berichten von NTEs. Etwa 35% geben an, ein besonderes Erlebnis gehabt zu haben, die restlichen 65% erwähnen nichts hiervon.[17] Auch in umgekehrter Betrachtung waren nicht alle Experiencer[18] klinisch tot oder in vergleichbar lebensbedrohlichen Umständen: In einer Studie über 107 Fälle wurden die Bedingungen von nur 45% der Personen als tatsächlich kritisch eingestuft; dennoch glaubten 82,5% der Experiencer, dem Tod nahe oder tot gewesen zu sein.[19] Ungeachtet derartiger Untersuchungen behauptete Moody noch 1988, daß das NTE „speziell mit dem Grenzbereich zum Tod und eben nicht nur mit Krankheit zu tun hat."[20]

Die medizinischen Rahmenbedingungen eines NTEs haben in der Regel keine Auswirkungen auf den Inhalt des Erlebnisses.[21] Allerdings scheint das Vorkommen einiger Elemente - positive Gefühle, erweiterte Wahrnehmung, erhöhte Lichtwahrnehmung - wahrscheinlicher zu sein, wenn der Experiencer sich in tatsächlicher Todesnähe befindet; andere Aspekte zeigen hingegen keine signifikanten Unterschiede.[22]

1.2. Neurophysiologische Korrelate

Jene Forscher, die dem NTE eine reale metaphysische Grundlage unterstellen, sprechen bei der gleichzeitig beobachtbaren Gehirntätigkeit von neurophysiologischen Korrelaten. Wird das NTE hingegen als ausschließlich subjektives Ereignis verstanden, so hat die Rede von Korrelaten keinen Sinn: Die Gehirntätigkeit i s t in diesem Fall das Erlebnis.[23] Problematisch ist es aber in jedem Fall, dem Erlebnis und seinen Inhalten ein neurologisches Äqivalent gegenüberzustellen. Zwar ist es im Falle kritischer körperlicher Umstände ohne weiteres möglich, den betreffenden Zeitraum angemessen zu dokumentieren. Allerdings ist es schwerlich möglich, jenen Abschnitt in ihm zu spezifizieren, innerhalb welchem das NTE sich ereignet haben könnte: Zum einen fehlt die

---

[15] Vgl. Schröter-Kunhardt, 1993b, 233.
[16] Vgl. Schröter-Kunhardt, 1990, 1020.
[17] Vgl. Batey, 1996, 23.
[18] Der englische Ausdruck für eine Person mit NTE ist mittlerweile in der eingedeutschten Form geläufig (Vgl. z.B. Elsaesser Valarino, 1995, 19).
[19] Vgl. Stevenson, 1989-90, 45-54.
[20] Moody, 1989b, 182.
[21] So ist die Lebensrückschau in allen Fällen gleichartig. Vgl. *NDEs and the Not-Close-To Death Experience*, 1992, 1, 11-15 und *More on „Not-Close-To-Death Experiences"*, 1992, 3-4.
[22] Vgl. Owens, 1990, 1175-1177.
[23] Diese Sichtweise spielt bei den in Kap.III. diskutierten Erklärungsmodellen eine zentrale Rolle.

Möglichkeit, eine angemessene - auch: kausale - Korrespondenz zwischen dem Erlebnisgeschehen und der neurophysiologischen Ebene herzustellen. Zum anderen hat sich eine völlig veränderte Zeitwahrnehmung als charakteristisch für die meisten NTEs herauskristallisiert. Experiencer John C. Wintek erinnert sich:

„On earth we exist in a linear time frame which enables us to exist without confusion. In the presence of God there is no sense of time as we know it. Everything happens on one time, yet there is no confusion or any sense of being overwhelmed."[24]

Als konkrete Begleiterscheinungen sind Endorphine, Serotonin und Glutamat in der Diskussion; in Verbindung mit einer Hypoxie oder Hyperkapnie als Voraussetzung scheinen sie zur Auslösung eines NTEs geeignet zu sein. Daneben werden endogene Halluzinogene als mögliche Ursache vermutet; körpereigene Rezeptoren für diese wurden im Gehirn bereits ausgemacht. Zudem scheint eine „spezielle Funktion der temporolimbischen Region besonders - aber nicht nur - der rechten Hemisphäre" bei NTEs, wie auch bei ähnlichen Erlebnissen zu bestehen. Schröter-Kunhardt sieht hier eine biologische Basis für religiöse und paranormale[25] Erfahrungen.[26]

Das Interesse an den medizinischen und insbesondere den neurophysiologischen Umständen beim NTE hat vor allem folgende zwei Gründe: Einerseits sollen die Rahmenbedingungen geklärt werden, unter denen ein Nah-Todeserlebnis auftritt und womöglich später „künstlich" induziert werden kann. Bei bestimmten Komponenten des NTEs ist dies bereits gelungen. Darüberhinaus gibt es andererseits Bestrebungen einiger Forscher, Nah-Todeserfahrungen auf diesem Wege auf neurobiologische Funktionen zu reduzieren. Die Argumente dieser Diskussion werden im dritten Kapitel beleuchtet.

2. Äußere Umstände

Nah-Todeserlebnisse treten meist ohne besondere Vorankündigung und unter vielfältigen Umständen auf. Sie sind keineswegs auf Situationen begrenzt, die sich durch lebensbedrohliche körperliche Umstände auszeichnen.

---

[24] Wintek, 48.
[25] Die Bezeichnung „paranormal" wird - ungeachtet ihrer oftmals unwissenschaftlichen Benutzung in der Literatur - im Zusammenhang mit NTEs und ähnlichen Erlebnissen als Oberbegriff für Erfahrungen verwendet, sofern diesen neben einer subjektiven auch eine objektive Basis zugeschrieben wird. Unter Vorgriff auf Kap.III. wird nachfolgend von dieser Position ausgegangen.
[26] Vgl. Schröter-Kunhardt, 1993c, 57-75. Schröter Kunhardt behandelt hier eine Reihe neurophysiologischer Aspekte des NDE ausführlich. Ähnlich äußert sich auch Jourdan (1994, 177-200).

NTEs werden auch ausgelöst, wenn der Experiencer glaubt, dem Tod nahe zu sein, ohne jedoch irgendeine Art von Verletzung zu haben. Dies ist beispielsweise bei glimpflich verlaufenen Abstürzen von Bergsteigern der Fall, die durch ein Seil gesichert waren.[27] Das Auftreten von NTEs bei Personen, die sich in einer psychischen Notlage oder in konkreter Todesangst befanden, hat die Vermutung genährt, körpereigene Mechanismen könnten ein Nah-Todeserlebnis unter gewissen Bedingungen generell induzieren. Weil nicht medizinische Umstände, sondern individuelle Todesfurcht als Auslöser angenommen wurde, wurde der Begriff des *fear-death experience* geprägt.[28]

Äußerer Anlaß für ein NTE ist oftmals ein Unfall, eine plötzliche Krankheit, Gewalteinwirkungen von außen oder auch ein Geburtsvorgang. Ähnliche Erlebnisse werden auch am Totenbett berichtet oder durch Narkotisierungen hervorgerufen.[29]

Generell sind die Umstände, unter denen NTEs auftreten nicht eindeutig abgrenzbar. Aus zahlreichen Berichten geht hervor, daß solche Erfahrungen auch plötzlich und überraschend auftreten, ohne daß sich ein aktueller Anlaß ausmachen ließe. Oftmals handelt es sich dabei um Erlebnisse, die nur einige Elemente des NTE beinhalten, wie etwa das Erscheinen verstorbener Angehöriger, oder Lichtvisionen.[30] Hierbei zeigt sich deutlich die Schwierigkeit, NTEs von ähnlichen Vorkommnissen - auch was die Tatsächlichkeit betrifft - abzugrenzen.

Situationsbedingte Einflüsse haben im allgemeinen keine Auswirkungen auf den Erlebnisinhalt.[31] Die Tatsache, daß NTEs unabhängig von Kulturkreisen auftreten und dabei nicht lediglich eine Reproduktion sozialer Konventionen und Erwartungen sowie persönlicher Hoffnungen, Anschauungen und Werthaltungen darstellen, kann auch als ein Anzeichen für eine objektive Erlebnisgrundlage gewertet werden.[32]

3. Verwandte Erscheinungen

Neben der „klassischen" Nah-Todeserfahrung gibt und gab es eine ganze Reihe von Erlebnissen, die außerhalb der alltäglichen Wahrnehmung liegen und verschiedenen Deutungen unterliegen. Viele von ihnen ähneln inhaltlich oder der Erscheinungsart

---

[27] Vgl. *Nah-Todeserfahrungen: Rückkehr zum Leben*, 1995, 31.
[28] Vgl. Abanes, 1996, 87-97.
[29] Vgl. Gallup, 1995, 13-27.
[30] Vgl. Guggenheim, 1995, 21- 242.
[31] Vgl. *Nah-Todeserfahrungen: Rückkehr zum Leben*, 1995, 31.
[32] Vgl. Zaleski, 1993, 238-244.

nach dem NTE.[33] Die Fülle verschiedener Vorkommnisse ist kaum zu überblicken: Sie reichen von diffusen Gefühlen, die als übersinnlich interpretiert werden bis hin zu konkreten Erlebnissen.[34]

Die wohl am weitest verbreitete Erfahrung ist der Traum, ein inneres Erlebnis, dem - von wenigen Ausnahmen abgesehen[35] - in der Regel keine objektive Erlebnisgrundlage zugeordnet wird. Er gilt gemeinhin als Produkt von persönlich Erlebtem und individuellen Wünschen im Rahmen unbewußter Gehirntätigkeit und wird daher meist nicht als Erlebnis gewertet, dem eine metaphysische Realität entspricht. In diesem Zusammenhang stellt er kein genuin paranormales Ereignis dar.[36]

Eine andere Art außeralltäglicher Erlebnisse sind solche, die durch meditative Praktiken und zum Teil unter Einbeziehung des Körpers hervorgerufen werden sollen. Die jeweiligen Umstände und dabei erstrebten Ziele variieren stark. Letztere können von ausgedehnter Entspannung bis hin zu religiöser Erleuchtung reichen. Entsprechend unterschiedlich ist auch die Ähnlichkeit zum Nah-Todeserlebnis. Beim *Kundalini-Yoga* beispielsweise können Erscheinungen auftreten, die üblicherweise in NTE-Berichten zu finden sind: Autoskopische Betrachtung, Lichtwahrnehmungen, Glücksgefühl.[37]

Eine Reihe schwer gegeneinander abgrenzbarer außeralltäglicher Erlebnisse unterschiedlichster Art werden aus allen Kulturkreisen berichtet.[38] Zum Teil handelt es sich um religiöse Erscheinungen oder prophetische Visionen, nicht selten aber sind es ganz persönliche Erlebnisse mit je eigenem Hintergrund. Die Frage nach der Realität des jeweils Erlebten muß freilich in jedem der Fälle von neuem gestellt werden. Sinngemäß gilt dies auch für Erlebnisse, die durch Drogen hervorgerufen oder unterstützt wurden.

Aus der Fülle der verschiedenen, oft singulären Erfahrungen sind hier aber nur diejenigen von Interesse, die sich mit dem - universell vorkommenden - NTE in Verbindung bringen lassen. Totenbett-Visionen beispielsweise, die zumindest thematisch mit dem

---

[33] Zu NTE-ähnlichen Erlebnissen Vgl. Atwater, 1994, 90-103.
[34] Vgl. z.B. Stevenson, 1983, 742-748 und 1993, 403-410 sowie 1995, 351-366.
[35] Dabei handelt es sich zumeist um Träume mit religiösem Inhalt.
[36] Zu den erkenntnistheoretischen Abgrenzungsproblemen und Grundentscheidungen Vgl. Kap. IV.6.
[37] Vgl. Kieffer, 1988, 2-3.
[38] Zu Erlebnissen im Zusammenhang mit Tod Vgl. Becker, 1993, 165-170.

NTE verwandt sind, haben eine lange Geschichte, die sich über viele Kulturen erstreckt.[39]

Die möglichen Auswirkungen paranormaler Erfahrungen werden in Kapitel II.3. diskutiert.

4. Abgrenzungsprobleme

Um Nah-Todeserfahrungen von anderen - paranormalen wie rein subjektiven - Erlebnissen abzugrenzen, bietet sich zunächst eine Unterscheidung nach den Auslöseursachen an. Wie oben schon gezeigt wurde, hat sich ein eindeutiger Kausalzusammenhang bisher nicht ergeben. Doch könnte ein solcher auch im Falle einer Aufzeigung nicht ohne weiteres als exklusiv für NTEs angesehen werden.[40]

Noch weniger Kriterien bietet die Differenzierung von NTEs nach äußeren Erlebnisumständen, da diese selbst nicht hinreichend scharf eingrenzbar sind.

Auch die Unterscheidung hinsichtlich der Vorkommnis einzelner Komponenten muß willkürlich bleiben; so etwa die Forderung einer Mindestmenge an Elementen[41], eines bestimmten Elements oder einer bestimmten Elementabfolge.

Aufgrund dieser Schwierigkeiten haben manche Forscher vorgeschlagen, statt NTEs gegen andere Erlebnisse abzugrenzen, generell von paranormalen Erfahrungen oder außersinnlicher Wahrnehmung zu sprechen.[42] Andere hingegen versuchen, bestimmte Erlebnistypen zeitweilig auszugrenzen[43] oder differenzieren zwischen verschiedenen Graden von NTEs und heben „Anomalien" gesondert hervor.[44]

5. Probleme und Verlauf der Nah-Todesforschung

5.1. Forscher und Forschung

Nah-Todeserfahrungen heben sich inhaltlich meist deutlich vom Alltagsgeschehen hervor. Viele Experiencer zögern daher, ihr Erlebnis anderen mitzuteilen, weil sie be-

---

[39] Vgl. Becker, 1993, 82-84 und Zaleski, 1993, 147-153.
[40] So nimmt Schröter-Kunhardt (1993a, 69) eine biologische Basis für alle religiösen Erfahrungen und Zugänge zu Jenseitswelten an, als deren letzteren Prototyp er das NTE erachtet.
[41] Entsprechend geht auch Rings (Elsaesser Valarino, 1995, 86) Konzept einer Kernerfahrung ins Leere. Kritik hierzu kommt auch von Abanes, 1996, 111-113.
[42] Vgl. Elsaesser Valarino, 1995, 87.
[43] Vgl. Becker, 1993, 77-92.
[44] Vgl. Atwater, 1994, 104-123.

fürchten als Halluzinierende diskriminiert zu werden.[45] Schon aufgrund des skeptischen medizinischen Personals wurde eine große Zahl von Berichten nicht bekannt; die Angst, letztlich als verrückt erklärt zu werden, hat der Nah-Todesforschung lange Zeit interviewfähige Personen ferngehalten.[46]

Während in den USA das Krankenhauspersonal mit dem NTE schon einigermaßen vertraut ist[47] - wenngleich detaillierte Kentnisse nicht vorausgesetzt werden können[48] - findet in Europa kaum systematische Forschung im klinischen Bereich statt.[49] Ein Mitgrund für diese Zurückhaltung dürfte der Umstand sein, daß Nah-Todeserfahrungen nicht selten in einschlägigen Publikationen in einem Atemzug mit UFOs, Bermuda-Dreieck[50] oder sog. „übersinnlichen Phänomenen"[51] genannt werden. Die hierdurch erzeugte Affinität zur Unterhaltungsliteratur wurde durch entsprechende Filmproduktionen wie etwa *Ghost* oder *Flatliners* zusätzlich genährt.[52]

Einen nicht geringen Anteil am negativen Image der Nah-Todesforschung wie auch der NTEs im allgemeinen haben die hierdurch bekannten Forscher selbst zu tragen. So ist etwa Elisabeth Kübler-Ross, die durch ihre Gespräche mit Sterbenden[53] schon früh im thanatologischen Bereich bekannt wurde, von ihrer ursprünglichen Arbeit abgekommen und hat sich esoterischen Themen zugewandt.[54] Auch Raymond Moody, der durch seine frühen Veröffentlichungen als Wegbereiter der Nah-Todesforschung gilt, widmet sich mittlerweile Vorhaben außerhalb dieses Metiers. Seine Versuche, mit Hilfe von Spiegeln als Katalysatoren die Kontaktaufnahme mit Verstorbenen in einem sog. Psychomanteum zu ermöglichen[55] haben bereits für Kritik gesorgt.[56]

---

[45] Vgl. Schröter-Kunhardt, 1995, 133.
[46] Vgl. Wren-Lewis, 1994, 3.
[47] Vgl. Barnett, 1991, 225-232.
[48] Vgl. Hutton Moore, 1994, 91-102.
[49] Vgl. Schröter-Kunhardt, 1993b, 221.
[50] Vgl. *Die Welt des Unerklärlichen*, 1994, 302-303.
[51] Vgl. Paturi, 1992, 158-163 und Meckelburg, 1995, 154, 173 sowie Mühlbauer, 1989, 13-28. Ungeachtet einzelner Darstellungen der genannten Publikationen handelt es sich hierbei überwiegend um unwissenschaftliche und nicht selten um unhaltbare Behauptungen.
[52] Vgl. Randle, 1994, 99 und Bush, 1994, 5; dagegen fand das Thema einen sachbezogenen Artikel in der Süddeutschen Zeitung (26.10.1993, 10).
[53] Vgl. Kübler Ross: *Interviews mit Sterbenden*, 1976 sowie *Verstehen was Sterbende sagen wollen*, 1990.
[54] Vgl. Kübler-Ross, 1994, 78-89. Der Ausdruck „esoterisch" wird ungeachtet seiner vieldeutigen Verwendung in der Literatur hier als bewußt vage Kennzeichnung von behaupteten Phänomenen gebraucht, die gemeinhin als unwissenschaftlich gelten.
[55] Vgl. Moody, 1992, 83-121 und 1994, 96-158.
[56] Vgl. Abanes, 1996, 200-206.

Der neben Moody wohl bekannteste Forscher auf dem Nah-Todessektor, Kenneth Ring, hat mit eigenen New-Age-Kommentaren Farbe bekannt: *„Die Nah-Todeserfahrungen repräsentieren einen evolutionären Vorstoß zu einem höheren Bewußtsein. ... Menschen, die Nah-Todeserfahrungen gehabt haben, aber auch viele andere, deren Leben durch eine oder mehrere spirituelle Erfahrungen geprägt ist, bilden zusammen einen höherentwickelten Typus von Mensch; nicht mehr den Homo sapiens sondern vielleicht den Homo noeticus ..."*[57] Mit diesem Menschentyp breche dann ein neues Zeitalter heran. Diese Äußerungen lassen vor allem einen eklatanten Mangel an evolutionsbiologischen Grundkenntnissen erkennen.

In vergleichbarer Weise äußern sich die meisten bekannten Forscherpersönlichkeiten.[58] Es scheint, als ob nach einiger Zeit der Beschäftigung mit NTEs esoterisches Gedankengut wie von selbst Eingang finden würde. Der Umstand, daß eine Reihe von Forschern zwischen ihren persönlichen Interpretationen[59] und fundierter Arbeit zu trennen vermögen[60], hat die Nah-Todesforschung wohl bislang vor einem Abgleiten in esoterische Zirkel verhindert.

Dennoch ist es seit Gründung der Forschungsplattform IANDS[61] im Jahre 1980 stets bei einem Gegenüber etwa von Anhängern und Gegnern des Reinkarnationsglaubens[62], von Vertretern subjektiv oder objektiv orientierter Erklärungsmodelle[63], vor allem aber auch von Verfechtern eines bibelgestützten Christentums[64] und moderater orientierten Personen geblieben. Daß dabei religiöse Eiferer Hand in Hand mit materialistisch orientierten Forschern arbeiten, nur um das NTE als ein Erlebnis ohne objektive Basis auszumachen, ist eine der offen zutage tretenden Widersprüchlichkeiten.[65] Vor diesem Hintergrund darf es nicht verwundern, wenn selbst in der NTE-Literatur oder in den

---

[57] Zit.n. Zaleski, 1993, 165. Vgl. hierzu auch Ring, 1984, 243-257.
[58] Eine ausgiebige Kritik hierzu bietet Abanes, 1996, 194-214. Eine biblisch fundierte Aburteilung schließt sich dem an.
[59] Eine Gegenüberstellung bietet Batey, 1996, 63-67.
[60] Vgl. Zaleski, 1993, 165.
[61] International Association for Near-Death Studies, P.O.-Box 502, East Windsor Hill, CT 06028, USA. Die Organisation gibt ein Journal (JNDS) und ein Vierteljahresheft (VS). Zu IANDS-internen Zahlen Vgl. VS 1 (2) (1992) sowie Roberts, 1995, 4-5.
[62] Schröter-Kunhardt (1996, 67-83) gegen Reinkarnationsanhänger Stevenson (1983, 742-748).
[63] Als Vertreter subjektiver, wenngleich doch nicht neurophysiologischer Erklärungen gilt z.B. Wren-Lewis, 1992, 75-81.
[64] Beispielhaft kann Richard Abanes (1996) genannt werden. Bemerkenswert sind die „antifundamentalistischen" Stellungnahmen der VS-Redaktion wie auch des episkopalen Erzbischofs John S. Spong in einer Spezialausgabe (VS 14 (4) (1995), 4-16) und die darauf einsetzenden Leserbriefe in VS 15 (1) (1996), 10-14 und VS 15 (3)1996, 8-9.
[65] Vgl. Wren-Lewis, 1994, 6-7.

Medien zugunsten irgendeiner Position oder aus Nachlässigkeit falsche Behauptungen veröffentlicht wurden - und dies von Anfang an.[66] Schon die Art und Weise der Nah-Todesforschung weist eine religiöse bzw. weltanschauliche Dimension auf.

5.2. Probleme repräsentativer Befragung

Die Zahl der Personen, die alleine in den USA ein Nah-Todeserlebnis gehabt haben, soll zwischen acht und dreizehn Millionen liegen[67]; allerdings sind derartige Zahlen aufgrund des schwer abgrenzbaren Erlebnistyps vorsichtig zu bewerten.

Das Auffinden dieser Personen ist aufgrund der oft vorhandenen Hemmung, sich mitzuteilen nicht einfach. Offenbar erinnern sich auch nicht alle Experiencer sofort an ihr Erlebnis: Etwa jeder fünfte erinnert sich erst nach Tagen, Wochen oder Monaten an die gemachte Erfahrung.[68] Göran Grip, der sein Erlebnis in einer Veröffentlichung schildert[69], gibt dort an, sich erst Jahre danach bei der Beschäftigung mit NTE-Literatur an seine eigene Erfahrung wiedererinnert zu haben.

Die Befragung eines Experiencers muß gleichfalls die individuellen Umstände berücksichtigen. Während manche von ihnen offen über ihre Erfahrung sprechen und diese mitunter veröffentlicht haben[70], sind andere nur bereit, anonym von ihrem Erlebnis zu berichten. Da für eine eingehende Beschäftigung mit NTEs auch der persönliche Hintergrund des jeweiligen Experiencers von Bedeutung ist, stellt sich zudem die Frage der jeweiligen Befragungsart.[71] Wegen der Verschiedenheit der Erlebnisse und deren angenommener Bedeutung kann es schon von dieser Seite her keine generelle Empfehlung geben. Es haben sich aber im Laufe der Zeit einige gravierende Fehlentwicklungen gezeigt: So wurden unter anderem völlig ungeeignete Fragebögen mit zum Teil einseitigen oder suggestiven Fragen veröffentlicht[72] und bei Interviews die Antworten durch entsprechende Fragetechniken umgelenkt.[73]

Die Bemühung, repräsentative Untersuchungen über NTEs durchzuführen ist auch nach mehr als 25 Jahren der Forschung nur mit mäßigem Erfolg gekrönt worden. Zum einen sind die anzutreffenden Erlebnisse sehr verschiedenartig und deren Inhalte kaum kausal mit neurophysiologischen Korrelaten verknüpfbar. Zum anderen bewegen sich

---

[66] Vgl. Basil, 1991, 61-68.
[67] Vgl. Elsaesser Valarino, 1995, 15-16.
[68] Vgl. Holden, 1989, 158-160.
[69] Vgl. Grip, 1994, 3-14.
[70] Bekannte Veröffentlichungen sind u.a. Eadie, 1994; Ritchie, 1996 oder Price, 1996.
[71] Einige Hinweise geben Moody, 1978, 159-167 und Sutherland, 1995, 49-57.
[72] Vgl. z.B. *When Ego Dies*, 1996, 159-160 und Ring, 1984, 264-266.
[73] Vgl. Norton, 1995, 167-184.

die meisten Forschungsarbeiten bei einer Teilnehmerzahl, die oft deutlich unter einhundert liegt.[74] Statistische Aussagen sind daher nur eingeschränkt und in gegenseitigem Vergleich möglich.

5.3. Terminologie

Der Begriff der Nah-Todeserfahrung, der durch das Bekanntwerden des Phänomens im Bereich der Todesnähe geprägt wurde, ist mittlerweile allgemein bekannt und auch in Nachschlagewerken zu finden.[75]

Da aber nur ein Teil der damit umschriebenen Erlebnisse tatsächlich in Todesnähe[76] stattfindet, ist der Ausdruck inhaltlich hinfällig geworden.[77] Dennoch wird er nach wie vor bei Klassifikationen von Umständen[78] und unterschiedlichen Graden bzw. Tiefen eines Erlebnisses verwandt.[79] Diese Problematik tritt offen bei sog. negativen NTEs zutage:[80] Während Greyson/Bush diesen Typus als eine besondere Art der Nah-Todeserfahrung kategorisierten[81], erklärte Ring diese Erlebnisse zu Illusionen und Fiktionen des in Agonie liegenden menschlichen Geistes und sprach ihnen jegliche Transzendenz ab.[82] Atwater wiederum reagierte mit einer neuen NTE-Typologie und forderte eine Neuorientierung der Nah-Todesforschung.[83] Ring seinerseits versuchte, den weitreichenden NTE-Begriff vor einer Aufweichung zu schützen, indem er vorschlug, den bisherigen Sammelbegriff durch den Term „geistige Wandlungserfahrun-

---

[74] Einige Experiencer- bzw. Kontrollgruppen liegen auch unter 20 Personen und können nur als Fallstudien betrachtet werden. Vgl. Boykoff Schoenbeck, 1991, 211-218; Holden, 1990, 1-16; Stevenson, 1995, 351-366; Serdahely, 1993, 85-94; Pasricha, 1986, 165-170.

[75] Vgl. VS 1 (2) (1992), 4, 12; VS 1 (3) (1992), 8, 15; VS 1 (4) (1992), 5, 7 [*Encyclopedia Britannica...*].

[76] Hierbei sind ausschließlich körperliche Umstände gemeint. Eine „psychische" Todesnähe - ggf. auch unter Einbezug neurophysiologischer Korrelate - bietet zu wenig objektivierbare Kriterien.

[77] Vgl. hierzu und zu verwandten Ausdrücken: Smith, 1991, 205-209.

[78] Vgl. Moody, 1978, 153-159.

[79] Vgl. Sutherland, 1995, 46-49. Die graduelle Abgrenzung begegnet jedoch den selben Problemen wie die Differenzierung zwischen NTEs und anderen Vorkommnissen.

[80] Vgl. den Exkurs in Kap.III.1.1.

[81] Bei „*distressing near-death-experiences*" treten entweder bei einem „normalen" NTE negative Emotionen auf oder das gesamte Erlebnis findet in einer „höllisch" anmutenden Umgebung statt. Eine dritte Art des „neagtiven" Typus ist durch ein Gefühl völliger Leere oder Nichtexistenz gekennzeichnet. Der Gesamtanteil „negativer" Erlebnisse an NTEs wird auf bis zu 20% geschätzt. Vgl. Greyson/Bush, 1992, 95-110.

[82] Ring, 1994, 5-23.

[83] Vgl. Atwater, 1992, 149-160 und 1995, 5-15.

gen" zu ersetzen und den Ausdruck der Nah-Todeserfahrung wieder exklusiver zu verwenden.[84]

Die von Ring geforderte „saubere Trennung" zwischen NTEs und anderen Erfahrungen ist indes nicht erfolgt. Auch andere terminologische Verbesserungsvorschläge haben sich nicht durchgesetzt. Der Grund hierfür dürfte sein, daß der NTE-Terminus eine zwar vage, aber doch kaum besser abgrenzbare Bedeutung im undurchsichtigen Gewirr paranormaler und ähnlicher Erlebnisse erlangt hat. Die oft fehlende tatsächliche Nähe zum biologischen Tod scheint in diesem Zusammenhang ein vergleichsweise kleines, weil allseits bekanntes Übel darzustellen.

---

[84] Vgl. *Nah-Todeserfahrungen: Rückkehr zum Leben*, 1995, 153.

II. DER WECHSELSEITIGE EINFLUß VON RELIGION UND NAH-TODESERLEBNIS

Nah-Todeserfahrungen und Religionen weisen eine Reihe thematischer und inhaltlicher Gemeinsamkeiten auf. Die Frage eines möglichen gegenseitigen Einflusses gewinnt an Bedeutung, wenn angenommen wird, daß NTEs und verwandte Erscheinungen ein steter Begleiter des Menschen sind.

Im ersten Abschnitt wird versucht, anhand von Auszügen aus verschiedenen Berichten eine Affinität der Erlebnisinhalte zu religiös oder kulturell geprägten Jenseitskonzeptionen aufzuweisen. Daran anschließend werden verschiedene Religionen und Kulturen auf mögliche Vorkommnisse von NTEs untersucht und darauf die Frage einer Einflußmöglichkeit gestellt. Inwiefern Nah-Todeserfahrungen die religiöse Entwicklung geprägt haben könnten, wird schließlich im vierten Abschnitt gezeigt. Nach einem Blick auf außerreligiöse Zeugnisse von NTEs wird am Ende beleuchtet, wie Glaubensgemein-schaften und -vertreter heute Nah-Todeserfahrungen gegenüberstehen.

1. Religiöser Hintergrund beim Nah-Todeserlebnis

Viele Erlebnisberichte enthalten Komponenten, die sich durch Jenseitsvorstellungen im Rahmen eines Glaubenssystems[85] oder religiöse Inhalte anderer Art auszeichnen: zum einen während der eigentlichen Erfahrung, zum anderen bei der nachträglichen Interpretation. Weil bei letztgenannter eine bewußte Einordnung in das bisherige Glaubens- und Wertsystem möglich ist, erscheinen die Inhalte der Erfahrung selbst interessanter: Der Experiencer hat keinen aktiven Einfluß auf deren Gestaltung.

Allerdings ist eine nachträgliche Trennung kaum möglich. Schon der Erinnerungsvorgang selbst bietet die Möglichkeit, eigene Deutungen auch unbewußt einfließen zu lassen, insbesondere wenn zwischen dem Erlebnis und der Reflexion viel Zeit vergangen ist. Die nachfolgenden Schilderungen haben daher in erster Linie deskriptiven Charakter.

1.1. Der herannahende Tod und das Verlassen des Körpers

Schon das durch Schmerzen geprägte Bewußtwerden des vermeintlichen Endes bzw. der Gefahrensituation kann religiöse Momente auftreten lassen:

---

[85] Diese Charakterisierung ist bewußt unscharf gehalten. Zu den damit verbundenen Problemen siehe Kap.II.3.1.

„*...all I could do was pray. I asked God to bring me healing - instantly I felt a surge of energy throughout my body...*"[86]

„*I cried out to God to spare me this pain.*"[87]

„*...I kept begging, `please God let me die´*"[88]

„*I asked God to take me home and He/She did for awhile.*"[89]

Während Bitten und Gebete um Schmerzlinderung und Tod bewußt erfolgen, ist dies beim Auftreten anderer Wesen zumindest fraglich. Manchmal kann man jene mit religiösen Figuren und Erscheinungen in Verbindung bringen:

„*I floated easily in a void of darkness after meeting my guide `Brotherhood´.*"[90]

„*Before I hit the jersey wall I saw my life flash before my eyes, my angel lifted me out of my car...*"[91]

„*...there were two `beings´ pushing at my legs. I was quite scared thinking these two were `ghosts´.*"[92]

Phyllis Atwater hatte bereits eine Nah-Todeserfahrung, als sie sich während ihrer zweiten wunderte, nachdem sie den Körper verlassen hatte:

„*Ich rief: `Ist da jemand? Ich bin tot. Ich bin hier. Kommt und holt mich ab. Ich bin bereit...´...Ich weiß noch wie seltsam ich das fand, weil ich erwartete, die verschiedensten Wesen zu treffen.*"[93]

1.2. Durchgangsstadien

Die meisten Beschreibungen eines Durchgangsstadiums nennen als Medium einen Tunnel, Nebel oder auch eine Türe.[94]

„*I went through a dark tunnel with flashing lights toward a bright light.*"[95]

---

[86] Exp.21 in *When Ego Dies*, 1996, 133-134.
[87] Exp.74.
[88] Exp.73.
[89] Exp.29.
[90] Exp.71.
[91] Exp.72.
[92] Exp.80.
[93] Exp.22 in: *Nah-Todeserfahrungen: Rückkehr zum Leben*, 1995, 99.
[94] So Exp.20 in *When Ego Dies*, 1996, 122.
[95] Exp.33.

„*...die Wände waren schwarz, und ich versuchte, sie überall zu berühren. Aber es gelang mir nicht...*"[96]

Andere Experiencer berichten zu diesem Erlebniszeitpunkt schon von auditiven und visuellen Wahrnehmungen, die wie ein Vorgriff auf die spätere, paradiesartige Umgebung wirken:

„*...there was a large opening circular path ... a white light shone through and poured out the gloom to the other side where the opening beckoned. It was the most brilliant light I had ever seen.*"[97]

„*The experience was breathtaking - the silence beautiful. In the faint distance was the tiniest hint of beautiful music, music beyond anything I've heard on earth. For a brief moment I fixed on a tiny light in the distance.*"[98]

„*...I seemed to be hurtling through the universe! There was tremendous sound, too. It was as if all the great orchestras in the world were playing at once; no special melody, and very loud, powerful but somehow soothing.*"[99]

Claire Applegate beschreibt einen „lebendigen" Tunnel:

„*The tunnel looked alive, a living organism with colors, mostly pastels...*"[100]

Ein anderer Experiencer nahm Begleiter wahr:

„*I did feel like I was swirling, at first slowly, than faster and was accompanied by 'others' after I got part way of the tunnel.*"[101]

David Lehning bekam den Rat, zurückzukehren:

„*...a very deep and resonant voice told me 'Go back, you're too young, go back!' I did not go back right away, however.*"[102]

Nicht in jedem Fall war das Durchgangsstadium ein Vorgeschmack auf das später Erlebte. Jerry L. Casebolt schildert sein Erlebnis im Erzählstil, wobei er selbst den Namen Gary annimmt:

„*The colors in the room faded to a dull gray-black. Swirling energy patterns drew Gary's attention to the North West area of the operating room. It roared as it formed a*

---

[96] Exp.9 in: *Nah-Todeserfahrungen: Rückkehr zum Leben*, 1995, 80.
[97] Exp.29.
[98] Exp.61 in: *When Ego Dies*, 1996, 110.
[99] Exp.78.
[100] In *When Ego Dies*, 1996, 134.
[101] Exp.25.
[102] Exp.45.

tunnel, pulling him towards its center. The sound resembled that of a jet engine when you stand next to it. Gary felt great fear, maybe terror."[103]

Experiencer Göran Grip erinnert sich an lebensbedrohliche Tiergestalten in einer unheimlichen Umgebung, die den Beginn seines Erlebnisses prägten:

„*I was standing on a small and very dangerous black island in a black river, flowing through a black landscape under a black sky...Just as I was about to cross the river, a black octopus rose out of the black water in front of me.*"

In einer anschließenden Konversation will Grip Durchlaß erreichen, doch mit jeder neuen Bitte vervielfacht sich die Anzahl der Kraken, was schließlich in einer ausweglosen Situation gipfelt:

„*...the dialogue proceeded exactly like before, and another fifty-six black octopuses rose out of the water....Our dialogue now ran faster and faster and the number of octopuses increased geometrically....there was no rescue for me. (...) The last thing I rememeber was my accelerating toward the horizon and annihilation.*"[104]

Ein anderer Experiencer berichtet von einer Bedrängnis, die anderen zuteil wurde:

„*...I could hear sounds in the darkness. It sounded like a hospital emergency room. People were in distress there and there was thick fog. I could hear crying and rushing around, I knew that if the people would only look up to the light they would be lifted out of the fog, but they were to stubborn. They would not do that. I have wondered since then, if perhaps that was Hell.*"[105]

Das Übergangsstadium bietet ein ambivalentes Erscheinungspotential: Es kann mit angenehmen optischen und akustischen Eindrücken verbunden sein und wie ein Vorgriff auf paradiesische Regionen erscheinen. Ebenso kann das Gegenteil der Fall sein: die Wahrnehmung einer negativen Situation, deren Inhalte sich mitunter existenzbedrohend oder als Bedrängnis schlechthin darstellen.

1.3. Begegnungen mit Personen und Wesen

Eine Vielzahl von Experiencern berichtet von der Zusammenkunft mit anderen Personen oder Wesen. In erster Linie handelt es sich hierbei um früher verstorbene Verwandte:

---

[103] In *When Ego Dies*, 1996, 76.
[104] Grip, 1994, 5-6.
[105] Exp.41.

„*Das allererste war eine liebevolle und herzliche Begrüßung durch verstorbene Menschen, die mir sehr wichtig waren. Vor allem waren das die Freundin...sowie meine Großmutter väterlicherseits. Was mich im nachhinein sehr frappiert hat, ist, daß ich sie gar nicht gekannt habe, da sie vor meiner Geburt verstorben war. (...) Diese Begrüßung durch die Gestalten war sehr überwältigend, im Grunde genommen war es ein Meer von Liebe.*"[106]

Phyllis Atwater äußert sich ähnlich:

„*Es erschien sogar ein Großvater, den ich nie zuvor gesehen hatte, weil ich nicht mit seiner Familie aufgewachsen war.*"[107]

Ein anderer Experiencer berichtet von ausgiebigeren Zusammenkünften:

„*My deceased mother, grandfather, daughter of-friend, my husband who is deceased...my little dog...long deceased Martyr-Saint of my family line...*"[108]

Während manche Wahrnehmungen nur flüchtig sind, zeichnen sich andere durch deatillierte Beschreibung aus:

„*My mother's face broke through the light...I was not allowed to see past the light, only her hair and face.*"[109]

„*...I looked to my left and was surprised to see my younger sister standing by a beautiful water fountain.(...) I was so happy to see her as she was restored to such a beauty and youthfulness. (...) I think God wanted to get my attention as my sister Margaret was wearing my most favorite pant suit, a Glen Plaid design.*"[110]

Ein Fall aus dem Volk der Mapuche[111], das relativ abgeschieden im mittleren und südlichen Teil Chiles lebt, weist bemerkenswerte Ähnlichkeiten mit Nah-Todeserfahrungen auf und gilt mithin als Beleg für das Auftreten von NTEs auch bei indigenen Völkern. Das Erlebnis fand schon 1968 während einer kritischen körperlichen Lage statt: Der Experiencer traf seinen verstorbenen Sohn an und bekundete seine Absicht, das irdische Leben aufzugeben. Dieser aber schickte ihn wieder ins gewohnte Leben zurück:

---

[106] Exp.4.
[107] In: *Nah-Todeserfahrungen: Rückkehr zum Leben*, 1995, 101.
[108] Exp.23.
[109] Exp.38.
[110] Exp.74.
[111] Der Name setzt sich zusammen aus „mapu" = Land und „che" = Volk.

„*No, Dad, it is not time for you to arrive here by your own will. When the time comes, I myself shall go to the side of the house to look for you. Then you will come. Now, go away.*"[112]

Die Zusammenkünfte der Experiencer beschränken sich jedoch keineswegs auf Verwandte. Vielmehr begegnen sie Personen, die schon im bisherigen Leben anzutreffen waren: Feunde und Begleiter, Lehrer und Autoritäten sowie Leute, die ganz alltäglichen Beschäftigungen und Interessen nachgehen. Die vorgefundenen sozialen Rollen haben in der Regel nichts außergewöhnliches an sich; Angehörige der Mormonen berichten jedoch vermehrt von jener hierarchischen Ordnung, die auch ihr Glaubensbild bestimmt.[113]

Jan Price bemerkt:

„*Both men and women wore soft, loose mostly white flowing clothing, and I noticed, that no one was really young or old - sort of a `middle age' ...they looked exactly as they should for their optimal expression.*"[114]

Nicht alle Experiencer sind oder waren in der Lage, die vermuteten Personen zu identifizieren:

„*Next I turned away and communication began with what others call gatekeeper or angel or Jesus but it was someone. If I ever knew, I cannot remember now.*"[115]

Andere hingegen sind sich sicher, andere Wesen, zumeist Engel, angetroffen zu haben:

„*...big angel with huge wings, white and gold.....white robe, gold wings, light.*"[116]

„*I was met by a radiant angel....*"[117]

Die Bestsellerautorin Betty Eadie beschreibt eine andere Begegnung:

„*....three men suddenly appeared at my side. They wore beautiful, light brown robes, and one of them had a hood on the back of his head. Each wore a gold-braided belt that was tied about the waist with the ends hanging down. A kind of glow emanated from them, but not unusually bright, and then I realized that a soft glow came from my own body and that our lights had merged together around us.*"[118]

---

[112] Vgl.Gómez-Jeria, 1993, 219-222.
[113] Vgl. Lundahl, 1993, 231-238.
[114] In: *The other side of death*, 1996, 51.
[115] Exp.34.
[116] Exp.8.
[117] Exp.29.
[118] In: *Embraced by the Light*, 1994, 30-31.

1.4. Selbstwahrnehmung und Wahrnehmung von Umgebung

Die eigene wie die Umgebungswahrnehmung wird ganz unterschiedlich geschildert, die Ähnlichkeit mit irdischer Beobachtung ist von Fall zu Fall verschieden. Unterschiede beginnen bereits beim eigenen „(Geist)körper" und der persönlichen Identität:

„*I felt like light and spirit.*"[119]

„*I only know, that consciousness was concentrated in one part of body and that also other parts have existed. I can compare this body with [a] comet.*"[120]

„*My impression is that my personal consciousness was actually 'snuffed out' ... and then recreated by a kind of focusing down from the infinite eternity...*"[121]

„*I was me, everything and nothing, and omnipresent lived through. I was located in what IS. I lack words to express reality...I was pure light, nor white, nor yellow, nor black. It was as though I remained in a pure essential being without consideration of time, material goods, nor energy. It was feeling beyond all this.*"[122]

„*I only existed as a thought, a thought which I now describe and understand as God's thoughts...I was aware of the directions left and right.*"[123]

„*My spiritual body seemed very familiar to me. I did see everything clearly. No substance - but [I] felt [it] looked the same.*"[124]

„*It looks just like me, except, that it is perfect. It is made of much finer matter which is not of this world.*"[125]

Verschieden wie die Selbstwahrnehmung ist auch die Beschreibung der vorgefundenen Umgebung. Vielfach wird von paradiesartigen Landschaften berichtet:

„*Ich kam in einen Garten, der in wunderschönen Farben schillerte, die ich aber nicht beschreiben kann. Es war pastellfarbenartig, obwohl diese Beschreibung nicht zutrifft. (...) Da der Garten lichterfüllt war, suchte ich nach einer Sonne oder einer anderen Lichtquelle, aber wohin ich auch schaute, stand ich im Licht selbst.*"[126]

---

[119] Exp.8.
[120] Exp.11.
[121] Exp.81.
[122] Exp.18.
[123] Exp.20.
[124] Exp.23.
[125] Exp.41.
[126] Exp.9.

„I `saw` a beautiful landscape with green grass and many flowers, an idyllic landscape, so quiet, with a wonderful light, more or less diffuse."[127]

„I saw beautiful landscapes, and gorgeous fields. I walked to a small house at the edge of the forest...I saw a large, huge road paved with glistening sand that shined like diamonds. This road was so wide, you could hardly see its end. I saw a gate and a long wall to the gate which seemed to be protected by six lion statues. (...) I saw the most beautiful flowers you could imagine. The only building I saw was the shack at the edge of the forest that was like a library where you could go in and learn anything that was. (...) I have been standing on the edge of a high cliff, far below there was a green valley...The air was so clear, a beautiful blue sky, and a slight wisp of warm breeze...."[128]

Unter den zahlreichen Berichten lassen sich die verschiedensten Lanschaftsformen unterscheiden: Berge, Täler, Wiesen, Wälder, Strände, Wege usw. Fauna und Flora stehen dem in nichts nach: Pflanzen und Parkanlagen werden mit schillernden Farben beschrieben, die wahrgenommene Tierwelt reicht von Schmetterlingen und Vögeln über bereits verstorbene Haustiere bis hin zu Schafen, Rindern und Pferden. Vielfältig ist auch die oftmals erwähnte Architektur: Sie umfaßt konkrete Bauten - Brücken, Bibliotheken, Tempel - die meist ihr alltägliches Äquivalent in ästhetischer Hinsicht übertreffen; daneben wurden auch ganze Städte erwähnt.[129]

Nicht alle Schilderungen aber beschreiben konkrete Objekte:

„...nur eine unendliche Weite, eine schöne lichte Weite."[130]

„It seemed like I was floating in a gray void...It was very silent there."[131]

Der Eintritt in *andauernde* Dunkelheit oder Leere, wie letztgenannter Experiencer es nennt, ist eine Erscheinungsform der sog. negativen NTEs. Meist ist hierdurch das gesamte Erlebnis geprägt, andere Elemente fehlen oft völlig.

Experiencer Vincent Luciani berichtet von einer „Schwärze", der aber angenehme Gefühle folgten:

„...it was, that first mysterious moment in eternity when my nonphysical eyes opened to a dramatic world of satiny blackness more total than is found anywhere on

---

[127] Exp.16.
[128] Exp.73.
[129] Eine Übersicht bietet Widdison, 1993, 239-246.
[130] Exp.4.
[131] Exp.30.

earth....There was no fear, only calm acceptance and an eager, almost childlike anticipation of the drama surely about to unfold."[132]

Ein anderer Experiencer vergleicht seine Erfahrung mit einem religiösen Ausdruck:

„...absolutely no sense of personal continuity... My impression is that my personal consciousness was actually `snuffed out' (the root meaning, according to some scholars, of the word `nirwana')..."[133]

Der als Bestsellerautor und Anstifter für Moody's Erstveröffentlichung bekannte George Ritchie gebraucht andere Termini, wenn er von einem wenig angenehmen Ort berichtet, den er während seiner Erfahrung im Jahr 1943 besucht haben will:

„Ich habe nie etwas Grausigeres gesehen. (...) Christus ließ mich sehen, und ich erkannte alle Gedanken der Menschen, die sich in dieser Hölle aufhielten: Haß, Bigotterie, Engstirnigkeit. (...) In dieser Hölle gab es kein Feuer und keinen Schwefel, wie man es uns beigebracht hat, sondern es war viel schlimmer!"[134]

Abgesehen von den sog. negativen NTEs fühlt sich die Mehrzahl der Experiencer in der neuen Umgebung äußerst wohl, viele bezeichnen sie als Heimat - unabhängig davon, wie konkret die jeweiligen Wahrnehmungen waren:

„It was just like coming home after a rough ride."[135]

1.5. Lichtwesen und emotionale Situation

Die Mehrzahl der Experiencer berichtet von einer Begebenheit, die in der Literatur meist als die Begegnung mit einem Lichtwesen bekannt geworden ist. Gleichwohl ist nicht in allen Fällen von einer Wesenhaftigkeit der Erscheinung die Rede; auch ist jene nicht stets mit einer Lichtwahrnehmung gekoppelt. In der Regel zeigt die Begegnung aber deutliche Auswirkungen auf die emotionale Lage; nicht zuletzt deshalb kann hier vom zentralen Moment der Nah-Todeserfahrung gesprochen werden.

Dorothea Rau-Lembke nahm „ein sehr mildes und helles Licht, aber keine Helligkeit, die blendet" wahr. Weiter schreibt sie:

„*...in diesem Licht zu sein, bedeutete für mich totales Glück, umfassendes Wissen und Liebe für andere und zu mir selbst. Diesem Licht konnte man sich gänzlich übergeben, ich konnte von allem Bisherigen absehen, ohne dabei etwas zu verlieren, und es be-*

---

[132] Luciani, 1993, 138.
[133] Exp.81. Vgl. FN 121.
[134] In: *Nah-Todeserfahrungen: Rückkehr zum Leben*, 1995, 140-141.
[135] Exp.19.

deutete für mich das Aufheben aller Gegensätze, letztlich ganz tiefes Glück, gemischt mit Freude."[136]

Oft handelt es sich um Umschreibungen, die von der Begebenheit zeugen:

"...a being of light, a presence rather than someone visible, a light in all the light."[137]

"As I moved further along I became aware of a bright - extremely white - light. (...) The light radiated an extreme feeling of love, it was overwhelming. I could tell I had been there before and was so happy to be going home. The knowledge of light knew me totally. The communication was simultaneous and sharing."[138]

"Such a light, brighter than anything else I've ever seen! I can't explain how beautiful, powerful and alive it felt. It felt like pulsating rays of color that were so vivid, some colors I've never seen before."[139]

"I continued to move on in spinning sensation again and found myself in the presence of what can best be described as a vortex of light. (...) There was a definate sensation of universal love, of most wonderful and powerful nature, unlike anything I have since felt."[140]

"I saw what looked like a rainbow and felt as if I was in the presence of God....I felt both fear and love ...fear, I think of the unknown, and love for the light and freedom and Presence I was experiencing."[141]

Nicht immer wird das Gegenüber als Wesen aus Licht beschrieben:

"I emerged from the darkness into a `place' that had no definition of any kind - no substances, no light (yet it was not dark at all), no limits, yet composed of the most powerful (yet calm) energy imaginable...I knew that I had finally come home, and that I was in God's presence, and I rejoiced in my new situation."[142]

*"...I did feel the presence. All else paled when compared to this presence. (...) This being knew everything I've ever felt, thought, or done and loved me anyway. There was no need to defend myself, hide anything, explain anything or be something that I was

---

[136] In: *Nah-Todeserfahrungen: Rückkehr zum Leben*, 1995, 15-16.
[137] Exp.13.
[138] Exp.24.
[139] Exp.38.
[140] Exp.45.
[141] Exp.53.
[142] Exp.51.

not. (...) My relationship was that I was accepted just as I was and that I could still be me. It wasn't like bowing down to a higher being."[143]

Die Bezeichnung des angetroffenen Wesens trägt in manchen Fällen religiöse Züge, etwa bei Phyllis Atwater:

„*Das nächste an das ich mich erinnern kann, war, daß mir Jesus erschien. Ich meine wirklich Jesus Christus! Es bestand weder der Wunsch noch die Notwendigkeit, ihn anzubeten oder auf die Knie zu fallen...*"[144]

Ähnlich schreibt Betty Eadie:

„*There was no questioning who he was. I knew that he was my Savior, and friend, and God. He was Jesus Christ, who had always loved me...*"[145]

Andere Experiencer:

„*I have felt Jesus' true presence several times - a kind, loving, helpful person.*"[146]

„*...this was the God of Abraham, Isaac and Moses, the God who overwhelmed the arguments of Job, there was, for me, no doubt.*"[147]

„*Just prior to opening my eyes, something unusual (at least for me) happened. I saw the face of Christ bathed in radiant sunlight and He was smiling at me.*"[148]

Manche Berichte lassen weitere religiöse Hintergründe erkennen:

„*...the Jesus that I had prayed to as a child ...a smile, a contenance of total glory and grace. His eyes poured love, glorious powerful love, into my being. (...) I saw an even more glorious person, a being there, sitting up on a platform in a chair or throne. This precious, beautiful man radiated glory - with a wonderful flowing white beard, a fantastic smile and glorious, loving eyes.(...) Father God himself, he was looking into my eyes, waving with his right hand to come.*"[149]

„*He [Jesus] looked into my eyes and as if through telepathy He said 'My children, their actions and choices are leaving them no heaven to gain. [wird im Original in Großschrift zitiert]*'"[150]

---

[143] Exp.28.
[144] In: *Nah-Todeserfahrungen: Rückkehr zum Leben*, 1995, 101-102.
[145] Eadie, 1994, 42.
[146] Exp.23.
[147] Exp.46.
[148] Exp.69.
[149] Exp.61.
[150] Exp.62.

Andere Experiencer reagieren mit Zurückhaltung oder beschreiben nur die äußere Erscheinung des angetroffenen Wesens in einer Weise, die an religiöse Gestalten erinnert:

„...I met God....God was a being of light. I don't know if it was religious or not. There is no religion there. Just purity and light."[151]

„...eine herausragende Gestalt mit langem schwarzen Bart und schwarzen Haaren, sowie Kinder, die er an der Hand hielt...Er trug ein weißes Gewandt mit einer Kordel um die Taille."[152]

„...a face approached...The face had all human features such as eyes, ears and a nose but no hair (...) I knew that the face was masculine in gender and represented great authority."[153]

„A figure standing off the side observed my reactions. Biblical in appearance, earth-age perhaps mid-fifty, his presence was magnificient: robes, hands, face neatly trimmed beard..."[154]

„I looked up and saw a wonderful young lady, she had light blond hair that she wore in a chignon, and she was wearing a white toga."[155]

Die hier zitierten, meist aus Europa oder den USA stammenden Experiencer lehnen sich in ihrer Beschreibung des „Lichtwesens" zuweilen an biblische Gestalten an. Aus einer Reihe von untersuchten Berichten aus anderen Ländern wurden jedoch abweichende Beobachtungen und Interpretationen bekannt, die insbesondere die Vermutung nähren, der soziokulturelle Hintergrund könnte die Beobachtungen beim NTE mitgestalten.[156] Dies betrifft sowohl die Wahrnehmung von Äußerlichkeiten - insbesondere architektonische Gestaltungen sowie Bekleidungen - als auch die im Zusammenhang mit der religiösen Dimension von NTEs interessantere Deutung des „Lichtwesens".

So wurden in Untersuchungen indischer Nah-Todeserfahrungen festgestellt, daß dort vorwiegend religiöse Gestalten aufgetreten sind, während hingegen aus China Begegnungen mit einem Boten berichtet wurden, der dann die Rückkehr anordnete.[157]

---

[151] Exp.41.
[152] Exp.6.
[153] Exp.20.
[154] Exp.49.
[155] Exp.63. Von dieser Begegnung wurde eine Zeichnung angefertigt, deren Gestalt ein anderer Experiencer ebenfalls, jedoch als maskulines Wesen, gesehen haben will.
[156] Vgl. Kap.II.3.1.
[157] Vgl. Burke, 1994, 23-40 und San Filippo, 1993, 24-38.

1.6. Lebensrückschau und besondere Wahrnehmungen

Während das Zusammentreffen mit anderen Personen und Wesen, die Beobachtung auch ungewohnter Umgebung sowie die emotionale Verfassung noch eine gewisse Entsprechung im Alltag findet, so findet sich bei bei einigen anderen Wahrnehmungsarten ein Äquivalent meist nur im Rahmen bewußter Reflexion oder im Traum. Ein vielbeschriebenes Vorkommnis stellt die Lebensrückschau dar:

„*After several minutes of the light and outrageous glorious feeling, my being began to settle down to a state of extreme bliss. Then I started to see the history of my life go by.*"[158]

„*The scenes of my life kept flashing before me, scene after scene, event after event sipped by right in front of me. It was like watching a movie without the projector and screen.*"[159]

„*Then my life began to roll in front of me as though I was seeing my life on a heavenly panoramic movie screen.*"[160]

Die Lebensperspektive tritt mitunter schon zu Beginn einer Nah-Todeserfahrung auf:

„*Before I hit the jersey wall I saw my life before my eyes...*"[161]

„*When it [Schmerzen] came to the bottom of my head I saw my 'life film'. I can't say how long this film exactly was, however I can say that single sequences ran very quick. (...)... pictures from my life. After this I died.*"[162]

Manche Experiencer haben Probleme, sich zu erinnern:

„*It happened so fast during the NDE, but has come back to me in bits and pieces over the years during meditation. Impressions flash through my consciousness.*"[163]

Zu den Erinnerungen an das vergangene Leben, die mehr oder weniger lebendig erscheinen, tritt in manchen Fällen eine bemerkenswerte Komponente hinzu: Die beleuchteten Handlungen werden einer moralischen Bewertung unterzogen, die vielfach auch die Gefühle der dadurch betroffenen Mitmenschen einschließt:

---

[158] Exp.26.
[159] Exp.36.
[160] Exp.37.
[161] Exp.72.
[162] Exp.11.
[163] Exp.40.

„I re-experienced what had happened (...) I was able to see what in my actions was good and what was bad."[164]

„...flashbacks of what I did wrong and where I feel I am making a judgement on myself."[165]

„Gleichzeitig spürte ich die Folgen all meiner Taten für alle Menschen...Ich erlebte auch die Auswirkungen meiner Taten für Luft, Erde, Wasser und die Pflanzen."[166]

„I saw a brief review of some of my behaviour. I saw how once when I took something which was not mine, how it had a negative impact on someone else. I was only a child when it happened, and still was shown this to teach me."[167]

„My neglects were disappointingly apparent from the review; more dismaying however, was the realization that my goal from this earthwalk had not been accomplished."[168]

„I was fascinated as I watched my life unfold, that I was aware not only of my own emotions, but also the feelings of those around me as well as those whose lives were touched. I experienced their pain or pleasure and understood what motivated their actions towards others and me."[169]

Die erlangte Einsicht in die Güte und Wirkung vergangener Handlungen wird in der Regel nicht durch Verurteilung, sondern allenfalls durch eigene Einsicht und Schuldgefühle beantwortet:

„It was a horrible feeling, just seeing how I matched up against the Light. But...there was no condemnation or judgement for any of my actions...It allowed me to clearly see the nonconstructive aspects of self."[170]

„Normalerweise hätte ich mich für diese Vorfälle geschämt, aber in der Situation dieses Lebenspanoramas habe ich mich nicht geschämt, sondern ich habe mich selbst verstanden und mich liebevoll angenommen.(...)...ganz prägnant sind mir die Situationen bewußt geworden, in denen man sich gegenseitig Böses angetan hat."[171]

---

[164] Vgl. Grip, 1994, 7-8.
[165] Exp.18.
[166] Atwater in: *Nah-Todeserfahrungen: Rückkehr zum Leben*, 1995, 102.
[167] Exp.41.
[168] Exp.49.
[169] Exp.60.
[170] Exp.54.
[171] Exp.4.

„...it was not condemning or retaliatory - just a review."[172]

Die Wahrnehmung fremder Gedanken und Gefühle wird nicht nur während der Lebensrückschau behauptet: Abgesehen von fallspezifischen Besonderheiten[173] werden telepathische Mechanismen generell als Grundlage von Kommunikation während des NTEs angenommen:

„Die Kommunikation mit den Gestalten geschah ohne Worte, es war so, als wäre ein Gedanke der Gedanke aller."[174]

„There is a direct understanding, without words, because `there´ are not the limitations of time and space like `here´. At the same time one can communicate with everyone and everything, there are no `loyality conflicts´ like here, where one can only do one thing at a moment, and others can feel neglected."[175]

„All communication must have taken place at a purely spiritual level because I was aware and knowledgeable; however no language was spoken."[176]

Eine noch weitreichendere Art von Wahrnehmung und Erfahrung schildern Experiencer, die sich in „kosmischer Verbundenheit" glaubten oder behaupten, unbegrenzte Erkenntnis- und Wissensmöglichkeiten gehabt zu haben:

„I experienced a connectedness with all that is alive (human beings, animals, flowers, God, myself) in a perfect harmony and peace. This `solidarity´ I never will give up."[177]

„...in diesem Moment wußte ich, daß ich eins bin mit all dem, was jemals war, was ist und was jemals sein wird."[178]

„...I was given all the answers I wanted. I saw that there was a plan, and all things happen for a reason...Further I reached a point where I had no more questions because I somehow knew the entire plan. It was like remembering; my soul has forgotten this wisdom..."[179]

---

[172] Exp.33.
[173] Gelegentlich wird etwa berichtet, man habe beim Autoskopie-Erlebnis die Gedanken der Umstehenden wahrgenommen.
[174] Exp.4.
[175] Exp.16.
[176] Exp.75.
[177] Exp.16.
[178] Atwater in: *Nah-Todeserfahrungen: Rückkehr zum Leben*, 1995, 102.
[179] Exp.29.

„I had some sense of omniscience, or knowing everything...There was a purpose to everything. I felt knowledge and glimpsed godhood, I guess."[180]

„I often miss the deep experience of connection I had during my NDE."[181]

„I was infused with knowledge, everything that could be known, understood, thought...(...) I was in union with All-That-Is and I was All-That-Is. There are no words to adequately describe this experience..."[182]

Daneben gibt es eine Vielzahl verschiedener Ereignisse und Beobachtungen beim NTE, die ähnlich wie bei Landschaftswahrnehmungen meist individuellen Charakter haben. Auch Vorkommnisse wie Präkognition - in Einzelfällen oder ganz allgemein[183]- werden berichtet. Eine andere Wahrnehmung bezieht sich auf Dinge, die weder materiellen noch emotionalen Charkter haben, sondern sich im Alltag durch analytische Eigenschaften definieren: Geometrische Formen und Zahlen:

„...I was in a new place where there the most beautiful iridescent geometric shapes, like bubbles, glowing."[184]

„...two numbers , which are usually on licence plates or on the clock, pop up a lot..."[185]

„Wahrnehmung von harmonischen ... Formen."[186]

Eine letzte Kategorie, die hier erwähnt werden soll betrifft Ereignisse aus der Vergangenheit, die dem Experiencer im Nah-Todeserlebnis erscheinen und von ihrer Art her religiöse Züge oder moralische Implikationen erkennen lassen:

„I was shown a review of the history of earth and humanity. I viewed many wars and conflicts, primitive armier bent on destroying each other, much hand-hand combat...I was there at each war as an observer from a site above each conflict."[187]

*„Ich befand mich plötzlich unmittelbar auf Golgotha. (...) ...und zwar auf der Ebene des Herzens. Das bedeutet, daß ich mich in der Liebesalchemie des Herzens befand, die sich bei der Kreuzigung vollzog. Ich sah, wie Christus die gesamte Vergangenheit

---

[180] Exp.34.
[181] Exp.50.
[182] Exp.69.
[183] Vgl. *Nah-Todeserfahrungen: Rückkehr zum Leben*, 1995, 118-119.
[184] Exp.21.
[185] Exp.31.
[186] Exp.14.
[187] Exp.71.

der Menschen in sich trug, so als wollte er die ganze Welt von den Dummheiten der Menschen reinigen."[188]

1.7. Die Rückkehr und das Leben danach

Die Rückkehr zum gewohnten Leben findet auf unterschiedliche Weise statt.[189] In einigen Fällen ist das angetroffene „Lichtwesen" und/oder eine andere Gestalt bei der Rückkehr anwesend oder für jene verantwortlich:

„He [Wesen] told me it was not my time to go (meaning die) and to return to earth."[190]

„The voice in the Light said within my mind 'Go back. You are not going to die'. I argued with it. I was so intensely comfortable and at ease in my new state of consciousness that I could quite easily... have embedded myself within the Light and just existed there for the rest of eternity."[191]

„When the being of light and my angel asked me if I was ready to go back, I told them that I was, that I had some unfinnished business to take care of."[192]

„...and I heard God command me with two words, 'GO BACK!' They were the commanding sound of a father correcting his child."[193]

Manche Experiencer sehen in ihrem weiteren Leben eine Aufgabe, die ihnen anvertraut wurde, andere erhielten einen Rat für die Zukunft:

„Das Wesen sagte mir, daß ich eine Mission hätte und daß ich mit dieser Mission auf Erden noch nicht begonnen hätte."[194]

„I was told by Jesus to establish a youth shelter..."[195]

„...did I feel that I was being told that I had to come back, there were things I still had to do."[196]

„I thought the advise was quite specific. I thought I had to find a way to support my children. God said I ought to trust Him and let Him take care of us."[197]

---

[188] Exp.10.
[189] Vgl. Abanes, 1996, 121-122.
[190] Exp.50.
[191] Exp.54.
[192] Exp.72.
[193] Exp.74.
[194] Exp.9.
[195] Exp.23.
[196] Exp.36.
[197] Exp.41.

„*The message was that we are all the same. As if we are all connected...We must treat each other as if they are ourselves.*"[198]

Phyllis Atwater will gar den Auftrag erhalten haben, über jedes ihrer drei Erlebnisse jeweils ein Buch zu schreiben.[199]

Das nachfolgende Leben verändert sich nach Auskunft der Mehrheit aller Experiencer deutlich. Die als *aftereffects* bekannt gewordenen Nachwirkungen des NTEs werden dabei auf verschiedene Lebensbereiche bezogen. An erster Stelle steht meist die veränderte Einstellung zum Tod:

„*...stark abgenommen hat sicherlich meine Angst vor dem Tod!*"[200]

„*There is life after death...I don't fear the transition from one form of life to the other.*"[201]

„*...death is nothing to be afraid of.*"[202]

„*It is not a believe anymore. It is knowing God, Heaven, Paradise. When you die you do not die, you go to another place (heaven).*"[203]

Abgesehen von beruflichen und familiären Veränderungen findet vielfach eine Neubewertung des Lebens statt:

„*I no longer lie, steal, cheat, or hurt anyone, I have totally changed my life and my career.*"[204]

„*I was a 'thinking' person. Now I am a 'feeling', more compassionate person.*"[205]

„*There was a change in my priorities...I experienced an intensity of looking and sensing. The grass shone like emeralds. The fresh air was euphoric. I used to take so much for granted.*"[206]

„*Changed my attitude towards people, and the world in general. Now I really like most people...Began to take an active interest in politics...Began to read a lot more.... Became much less demanding of life; enjoyed many aspects of life that I had not noticed*

---

[198] Exp.70.
[199] Vgl. *Nah-Todeserfahrungen: Rückkehr zum Leben*, 1995, 107.
[200] Exp.4.
[201] Exp.18.
[202] Exp.26.
[203] Exp.70.
[204] Exp.73.
[205] Exp.70.
[206] Exp.53.

before...Began to go to church, although only occasionally...but once in a while simply to feel closer to God."[207]

Wie letztgenannter Experiencer schon erkennen ließ, kann ein Nah-Todeserlebnis auch Auswirkungen auf die religiöse Haltung haben:

„*I don't believe any more about religious education. To me there is only one important sentence left. `GOD IS'. That's my reality!*"[208]

„*Though my religiosity did not improve my interest in the spiritual life exploded and I have spent much more time in church and temple...*"[209]

„*I really don't think it matters what religion we are, as long as we believe that there is a God.*"[210]

„*...das Gefühl, seelisch allein zu sein, kenne ich nicht mehr. Seine [Lichtwesen] Liebe spüre ich ständig.*"[211]

„`Saulus/Paulus Effekt' ...grundsätzliche philosophische-religiöse-tiefgläubige Einstellung.*"[212]

Ein anderer Experiencer hält sein Erlebnis für real, findet aber seine atheistische Grundhaltung bestätigt:

„*I came back from my experience as an atheist. It is a very comfortable belief for me and I am happy with it. There is no God.*"[213]

2. Religiöse Jenseitswelten im Vergleich zu Aspekten des Nah-Todeserlebnisses

Außergewöhnliche Erfahrungen und Ereignisse werden aus verschiedenen Kulturen berichtet; sie sind in religiösen Schriften und literarischen Zeugnissen festgehalten; archäologische Funde haben weitere Hinweise ergeben. Ob diese Erlebnisse tatsächlich stattgefunden haben, und welchen Einfluß man ihnen zuordnen kann, ist freilich schwer abzuschätzen.

---

[207] Exp.51.
[208] Exp.18.
[209] Exp.26.
[210] Exp.73.
[211] Exp.1.
[212] Exp.14.
[213] Exp.76.

Während manche Erlebnisinhalte heutiger NTEs eine deutliche Affinität zu religiösen und soziokulturellen Jenseitskonzeptionen aufweisen, ist es weit schwerer, die umgekehrte Einflußrichtung nachzuweisen: Erste Probleme bereitet schon das Auffinden von entsprechenden Hinweisen in den verschiedenen Quellen und eine eventuelle Abgrenzung: Mit hinreichend Phantasie läßt sich die Zahl der in Frage kommenden Text- und Materialfunde fast beliebig erweitern. Schon von daher muß die Suche aus arbeitsökonomischen Gründen auf einige wenige, markante Merkmale begrenzt werden, die üblicherweise Nah-Todeserfahrungen und verwandte paranormale Erlebnisse charakterisieren.

Auch bei vermeintlich deutlicher Materiallage sind die jeweiligen Funde mit Vorbehalt zu betrachten: Eine zweifelsfreie Zuordnung ist im nachhinein nicht möglich; stets findet sich eine alternative Erklärung - bei Textquellen im Zweifelsfall die Feder des Autors. Die nachfolgende Zusammenstellung versteht sich daher wie die vorhergegangene Berichtssammlung als Grundlage für die Diskussion im dritten Unterkapitel.

2.1. Vorgeschichtliche Religionen

Obgleich sich bei der Untersuchung vorgeschichtlicher Jenseitskonzeptionen und -erlebnisse die Materiallage auf archäologische Fundstücke verengt, sind diese Quellen gleichwohl reich an Hinweisen.

Bis in die Altsteinzeit reicht das Material, das die Vermutung nährt, schon der frühe Mensch habe an eine ihm innewohnende nichtmaterielle Seelengestalt geglaubt: vom Leib getrennte und zum Teil auch bestattete Schädel- und Unterkiefer wurden mitunter in besonderer Anordnung oder mit Beigaben aufgefunden. Dies ist insbesondere in der Frühzeit des Menschen, die noch keine Bestattungen kennt eine bemerkenswerte Verhaltensweise, die in manchen Naturvölkern Parallelen zeigt.[214]

Ähnliche Beobachtungen wurden beim Pekingmenschen, dem *homo erectus*, gemacht: Schon vor etwa einer halben Million Jahre hatten diese Urmenschen ihren Toten die Schädel abgetrennt; der Grund hierfür liegt allerdings im Dunklen.[215]

Einen weiteren Beleg für die vorgeschichtliche Konzeption der Seele, die ganz offensichtlich mit dem Kopf in Verbindung gebracht wurde, stellen die sogenannten Schädeltrepanationen dar: Hierbei handelt es sich um Öffnungen des Schädelknochens, die schon zu Lebzeiten erfolgt sind und nicht etwa einer medizinische Behandlung, son-

---

[214] Vgl. Ozols, 1978, 14.
[215] Vgl. Zaleski, 1993, 19.

dern zum Durchgang für die vermutete Seele dienen. Sie sind mit Sarglöchern vergleichbar, die in und außerhalb Europas gefunden wurden.

Die Idee der aus dem Körper fortziehenden Seelengestalt ist vermutlich im Rahmen allgemeiner animistischer Vorstellungen aufgekommen und hat sich dann im Schamanismus fortgesetzt, beobachtbar in Nordasien bis in die ersten Jahrzehnte des 20. Jahrhunderts.[216] Jakob Ozols, Professor für Vor- und Frühgeschichte, faßt zusammen:

„Nach dem Tode trennt sich die Seelengestalt von dem Körper und führt ihr eigenes, weitgehend vom Körper gesondertes Leben weiter....Bei Lebenden verläßt sie den Kopf nur nachts oder in außerordentlichen Situationen, wie plötzlichem Erschrecken, schwerer Krankheit oder bei besonderen Zuständen wie in der Trance und Ekstase. Die Seelengestalt darf aber nicht lange ausbleiben. Wenn sie nicht bald zurückkehrt, wird der Mensch krank, er ist vielen Gefahren ausgesetzt, und bei längerer Abwesenheit der Seelengestalt muß er sogar sterben."[217]

Das Verlassen des Körpers bedeutet zugleich die Aufhebung der im alltäglichen Leben geltenden Grenzen:

„Sie [die Seele] kann mühelos große Entfernungen überwinden und an unbekannte oder nicht mehr zu der diesseitigen Welt gehörende Orte gelangen. Sie ist auch nicht mehr an eine bestimmte Zeit gebunden und sie kann wie das Vergangene so auch das Zukünftige erleben. Sie kann ferner die Seelengestalten längst verstorbener Menschen treffen, Geistern begegnen und ungewöhnliche Abenteuer bestehen."[218]

Zur schamanischen Seelenkonzeption gesellt sich die in Höhlenmalereien zum Ausdruck gekommene Jenseitsvorstellung des vorgeschichtlichen Menschen. Um an diesen Ort zu gelangen, der nur durch mitgeführte Lichtquellen erhellt wurde, mußte zunächst ein enger Zugang passiert werden. Die Schilderungen eines Forschers müssen authentische Berichte und Überlieferungen ersetzen:

„Dieses Hinabsteigen kommt einer Grenzüberschreitung gleich. Man läßt den Tag und das Licht der Sonne hinter sich und begibt sich in eine nie endende Nacht hinein. Der nächste Eindruck ist das eigenartig veränderte Raumgefühl. Wenn man nicht gerade einen schmalen Durchgang passiert oder durch einen niedrigen Gang geht, sieht man in dem schwachen Lichtkegel der Lampe nur den Boden unter den Füßen und einen kleinen Ausschnitt der nahestehenden Wand. Alles andere ist von der undurchdringlichen Finsternis verschluckt. Der dadurch hervorgerufene Eindruck einer unerkennba-

---

[216] Vgl. Ozols, 1978, 16.
[217] a.a.O., 15.
[218] a.a.O., 15.

ren Weite hebt zeitweilig das Raumgefühl völlig auf. Ähnlich ist es mit dem Zeitsinn. Auch der ist gestört. Die in der Höhle verbrachte Zeitspanne kann entweder unmerklich zusammenschrumpfen oder sehr lang erscheinen."[219]

Die in dieser außeralltäglichen Umgebung anzutreffenden Geister sind vom steinzeitlichen Besucher selbst gestaltet; ein stetes Motiv ist die Wiederbelebung von Tieren mit denselben Waffen, durch die sie getötet wurden. Die Darstellung dieser Szenen läßt erkennen, daß die Vorstellung einer im Körper innewohnenden Seele nicht auf den Menschen beschränkt war, sondern auch für die Tierwelt galt.

Im Laufe der Entwicklung änderten sich die Motive. So wurden nach dem Übergang von der Jäger- und Sammlergesellschaft zu Ackerbau und Viehzucht die für die kreislaufartige „Wiederbelebung" der jagbaren Tiere verantwortlichen Höhlengeister entbehrlich; dagegen erlangten jene Gottheiten Bedeutung, die für spezifische Wettererscheinungen verantwortlich gemacht wurden.[220]

2.2. Indigene und amerikanische Religionen

Ungeachtet regionaler Unterschiede haben praktisch alle Naturvölker den Glauben an eine Seele entwickelt, die nach dem körperlichen Tod fortexistiert.[221]

Die in Mittelamerika angesiedelten Maya, die schon in vorkolumbianischer Zeit Hochkulturen bildeten, glaubten beim Übergang ins Totenreich eine Reihe von Hürden passieren zu müssen. Ähnliche Vorstellungen, wie etwa das Überqueren von Flüssen und Strömen finden sich bei den Inkas in Peru, den Menomini-Indianern im Nordosten Wisconsins oder den Guaimi, einem Indianerstamm in Panama. Die Frage nach dem Verbleib der Seele wurde dagegen unterschiedlich beantwortet.[222]

Die Azteken, die bis zur spanischen Eroberung Mexiko besiedelten, gingen von drei unterschiedlichen Totenreichen aus: Kranke kommen unabhängig vom sozialen Status in eine Region, *Mictlan* genannt, die schließlich zum endgültigen Ende führt. Opfer bestimmter schwerer Krankheiten oder Naturgewalten konnten dagegen im *Tlalocan* mit paradiesischen Zuständen rechnen. Kriegsgefallenen und Frauen, die nach der Geburt verstorben waren, war es schließlich vorbehalten, ins „Haus der Sonne" einzuziehen, wie es die Azteken sahen:[223]

---

[219] a.a.O., 17-18.
[220] a.a.O., 18-40.
[221] Vgl. Murphet, 1991, 38-43.
[222] Vgl. Loerzer/Berger, 1990, 79-87.
[223] a.a.O., 74-78.

„Steh auf, mach dich bereit, geh nach dem guten Orte, dem Haus der Sonne - deiner Mutter und deines Vaters -, wo man in Freude und Seligkeit und Fülle des Genusses lebt. Auf, begleite die Sonne; ihre älteren Schwestern, die himmlischen Fürstinnen, sie die immer und ewig in Lust und Freude leben...nehmen dich an die Hand!...An einem guten, einem schönen Orte lebst du, bei unserem Herrn, dem Sonnengotte. Du siehst ihn schon mit eigenen Augen, sprichst zu ihm mit eigenem Munde..."[224]

Die Jenseitsvorstellung der Delaware-Indianer, die - heute längst assimiliert - in den USA beheimatet sind, beinhaltet für jene, die ein gutes Leben geführt hatten nach dem Tod ein ewiges Dasein in paradiesischer Umgebung:

„Sie sagen, daß das Lebensland eine Insel von hinreißender Schönheit und großer Ausdehnung ist. Ein hoher Berg erhebt sich majestätisch im Zentrum, und auf dem Gipfel des Berges befindet sich die Wohnung des Großen Guten Geistes. Von dort überschaut er...die Läufe der tausend Ströme und Flüsse...die schattigen Wälder, die mit Blumen übersäten Ebenen, die stillen Seen, die ohne Unterlaß die wohltätigen Strahlen einer schönen Sonne wiederspiegeln. Vögel mit schönstem Gefieder erfüllen diese Wälder mit ihren süßen Melodien. Die edelsten Tiere...weiden friedlich und in unzählbaren Scharen auf diesen lachenden, schönen, üppigen Ebenen. Die Seen werden niemals gepeitscht, weder von Winden, noch von Stürmen; der Schlamm mengt sich niemals mit den klaren Wassern dieser Flüsse. Die Wasservögel, die Otter, der Biber und Fische von allen Arten sind dort im Überfluß. (...) Dort lebt die Seele unabsehbar lange in einem wahrhaft glücklichen Jagdgrund. (...) Dort werden Kinder ihre Eltern wieder treffen und Eltern ihre Kinder...Es gibt keine Sonne dort, sondern ein helles Licht, das der Schöpfer leuchten läßt. Alle Menschen...werden hier gleich ausschauen, und die Blinden und Krüppel werden vollkommen gut sein."[225]

Das Volk der Mapuche[226] glaubt an ein Leben nach dem Tod; der künftige Leib ist dabei dem irdischen Körper in allen Einzelheiten sowie auch hinsichtlich der individuellen Bedürfnisse völlig gleich. Die Mapuche, die ab etwa 1850 unter deutscher Kolonialisierung standen, beziehen sich in ihrem postmortalen Werdegang mit seinen zu durchlaufenden Phasen nicht auf Götter oder Dämonen, sondern vielmehr auf ihre Vorfahren. Von einem für zwei Tage als tot erachteten Mann ist niedergeschrieben worden, was er während dieser Zeit erlebt haben will:

„Here there is an old man called Fermin. He was dead for two days, and it is said that he went into the vulcano and came back. He said that all his dead acquaintances, his

---

[224] a.a.O., 78.
[225] a.a.O., 86.
[226] Vgl. FN 110.

own parents, his children, his wife, and other children that he did not know were all in there. There was also a German gentlemen reading and writing in big books. When the German saw him, he asked what he wanted."

Nachdem der Mann nach seinem Sohn gefragt hatte, mußte er vier Tore passieren, ehe er mit seinem Sohn sprechen konnte.[227] Als Fermin schließlich wieder aus seinem Zustand erwachte, sagte er zu seiner Frau:

"I am alive, and I went to the volcano. I saw all the dead people who are kept in there. I was with my son and with my grandparents. They are all together and they are very happy. They are waiting for me, but it is not time yet."[228]

Bei den Ewe, einem im westafrikanischen Regenwald lebenden Volk, das sich in über einhundert Stämme aufgliedert, wird eine Präexistenz der Seele in einer entsprechenden Seelenheimat angenommen, die mit der irdischen vergleichbar ist. Mit der Geburt eines Kindes inkarniert gleichzeitig ein verstorbener Vorfahre.[229] Bei der angenommenen Seele handelt es sich genaugenommen um zwei Hälften, die zusammen die geistige Seite des Menschen bilden: Der größere Teil hiervon - die sogenannte Lebensseele - entstammt der Seelenheimat und ist für viele Fähigkeiten und Neigungen verantwortlich, die den Menschen auf seinem irdischen Lebensweg begleiten. Der kleinere Teil hingegen wird der Unterwelt zugeordnet, wohin er geht, sobald die Trauer um den Toten im Gange ist. Während die Lebensseele in die göttliche Seelenheimat zurückkehrt, beginnt für die Totenseele eine Reise zur Unterwelt, wo sie zu ihren Vorfahren stößt. Dieser Ort wird auch *awe gã*, große Heimat genannt sowie als *Haus hinter dem Flusse* bezeichnet, da man ihn hinter einem großen Strom vermutet. Entsprechend sind auch Vorkehrungen für die kräfteaufreibenden Überquerungen des Wassers und die Anreise in die Totenstadt nötig - sie finden sich als Grabbeigaben. Ein weiteres Sterben ist im Reich der Toten nicht mehr möglich; insofern ist die Fortexistenz dort ewig. Die Bewohner der Unterwelt, die unterhalb der Erde vermutet wird haben die Möglichkeit, Dinge der sichtbaren Welt zu sehen - bei Nahrungsmittelknappheit können sie Opfer von den Lebenden einfordern, die dann Essensstücke auf die Erde werfen.[230]

Ein interessantes Detail wird von Personen berichtet, die sich noch im Prozess des Sterbens befinden:

---

[227] Vgl. Kap.II.1.3.
[228] Vgl. Gómez-Jeria, 1993, 220-221.
[229] Diese Annahme findet sich auch bei den Bantu-Afrikanern. Vgl. Thiel, 1978, 40-47.
[230] Vgl. Loerzer/Berger, 1990, 88-107.

"Viele, die im Sterben liegen, nennen noch Namen von Leuten, die längst verstorben sind. Das wird ihnen dadurch unmöglich gemacht, daß man ihnen ein Kopftuch in den Mund steckt;..."[231]

Der Gedanke an eine zweigeteilte Seele findet sich auch bei den altindonesischen Batak: Während die Lebenskraft, genannt *tondi*, wieder in den himmlischen Seelenvorrat zurückkehrt, um später in andere Menschen einzugehen, bleibt vom Toten nur der Schattenleib, genannt *begu*, übrig. Sein trostloses, von den Nachkommen gefürchtetes Dasein läßt sich unter bestimmten Umständen aufwerten: er kann durch die zurückgelassenen Angehörigen zum *sumangot* ernannt werden. Rückt ein solcher dann zum *somboan* auf - zum „Anbetungswürdigen" - so gilt er als Mitgenosse Gottes. Er soll dann in Häusern wohnen und Feste feiern; der Kontakt mit der früheren Lebenswelt ist dabei keineswegs abgerissen.[232]

2.3. Östliche Religionen

Als um die Mitte des zweiten Jahrtausends vor unserer Zeitrechnung indogermanische Nomaden in das Industal eindrangen, kam mit ihnen die vedische Religion, die spätere Grundlage des Hinduismus. Ihr ältestes Dokument, die Rigveda, eine Sammlung von Hymnen der Opferpriester gibt allerdings nur spärlich Auskunft über die damalige Jenseitskonzeption. Nach dem Verbrennen des Leichnams nimmt die Seele einen Zwischenzustand ein, genannt *preta*. In dieser Zeit weilt sie als Geist auf Erden und wartet darauf, in die Welt der Ahnen zu gelangen.[233]

Beim Übertritt ins Totenreich sind Gewässer zu durchqueren, die Hunde des Totesgottes Yama sind zu passieren. Im Ahnenreich erwartet die Ankömmlinge ewiges Leben, leibliche Wiederherstellung, feine Speisen und musikalische Unterhaltung in froher Runde. Im Rigveda heißt es:

„Wo das ewige Licht ist, in welche Welt die Sonne gesetzt ist, in diese versetze mich,...in die unsterbliche, unvergängliche Welt!...wo jene jüngsten Gewässer sind, dort mache mich unsterblich! Wo man nach Lust wandeln darf im dreifachen Firmament, im dreifachen Raume des Himmels, wo die lichtvollen Welten sind...Wo die Wünsche und Neigungen erfüllt werden, wo der Höhepunkt der Sonne ist, wo die Geisterspeise und Sättigung ist, dort mache mich unsterblich! Wo Wonnen, Freuden, Lüste

---

[231] a.a.O., 95.
[232] a.a.O., 108-121.
[233] Vgl. Meisig, 1985, 11-18 und Schreiner, 1984, 100-102.

und Belustigung wohnen, wo die Wünsche des Wunsches erlangt werden, dort mache mich unsterblich!"[234]

Jenseitige Freuden waren aber nur für jene bestimmt, die ein lauteres Leben geführt hatten. Übeltäter wurden in eine Höllenwelt geworfen, die sich durch tiefschwarze Dunkelheit auszeichnete; über eine eventuelle Bestrafung ist allerdings nichts bekannt.[235]

Erst später, und mit zahlreichen Zwischenschritten hat sich dann der Gedanke der zyklischen Reinkarnation durchgesetzt, der auch die Art des zukünftigen Lebens im Kreislauf des Karma-Samsara festlegt: Das wiedergeborene Dasein wird durch das Wissen und die Werke des früheren Leben bestimmt. Die nur für ganz wenige in Frage kommende Möglichkeit, aus diesem Zyklus erlöst zu werden wird in der Bhagavadgita als das Eingehen in Vishnu beschrieben.[236]

Die Nichterlösten aber halten sich vor einer erneuten Rückkehr ins Diesseits in einer Umgebung auf, die dem vergangenen Leben entspricht: Die Schlechten finden sich in Höllenpein wieder, wie Meisig sie in einer Schilderung aus dem *Garuda-Purana* findet:

"...der Verstorbene [wird] in seinem neuen Leib mit einem Strick um den Hals und in Ketten unter Schlägen mit Folterhämmern und Beschimpfungen auf den weiten, öden Weg ins Totenreich gezerrt. Auf glühendem Sand dörren ihn die Winde aus brennenden Wäldern, Hunger und Durst quälen ihn."[237]

Die detaillierten, im Kern moralisierenden Ausführungen sprechen auch das Schicksal der Guten an. Ein *Mahabharata*-Epos schildert es so:

"Im Süden des Nilaberges und an der Nordflanke des Berges Meru liegen die glücklichen Gefilde der Uttarakurus, die von den Vollendeten bewohnt werden. Dort gibt es Bäume mit süßen Früchten, die ständig Blüten und Früchte tragen; gibt es wohlriechende Blumen ... andere Bäume heißen Milchbäume. Sie spenden stets Milch und nektargleiche Nahrung von sechserlei Geschmack, und in den Früchten kommen Kleider und Schmuckstücke zum Vorschein. Der ganze Boden besteht aus Edelsteinen und feinem, goldenen Sand. (...) Sie [die Menschen] sind frei von Krankheit, frei von Schmerz, stets frohen Sinnes..."[238]

---

[234] Zit.n. Meisig, 1985, 22.
[235] a.a.O., 24-25.
[236] a.a.O., 32-44 sowie 58.
[237] a.a.O., 49.
[238] Zit.n. Meisig, 1985, 52.

Über die Situation, mit der der Mensch zum Todeszeitpunkt konfrontiert wird, heißt es in der Bhagavadgita mit deutlichem Rat an die Lebenden:

„*In der Todesstunde, wenn der Mensch den Leib verläßt, muß im Scheiden sein Bewußtsein völlig in mir aufgehen. Dann wird er mit mir vereinigt werden. Dessen sei gewiß. (...) Mach es zum festen Brauch, das Sich-Versenken zu üben und lasse dabei deinen Sinn nicht schweifen. Auf solche Weise wirst zum Herrn du eingehen, zu ihm der Licht gibt und der Allerhöchste ist.*"[239]

Nach der ursprünglichen Lehre Buddhas findet die Befreiung aus dem Kreislauf der Wiedergeburten durch Selbsterlösung und Eingang in das *Nirwana*[240] statt, einem Weg der nur wenigen offen steht. Damit verbunden war eine weitgehend abstrakte Vorstellung dessen, was jenen am Ende erwartet, der sich hierfür qualifiziert hat und daher die Bezeichnung Buddha trägt:

„*Nach der Aufgabe des Glücks, der Aufgabe des Leids und dem schon früheren Untergang von Wohlbehagen und Mißbehagen erlangt der Mönch die vierte Versenkungsstufe: leidlose, glücklose völlige Reinheit des Gleichmuts und der Achtsamkeit, und verharrt (darin).*"[241]

Der Endzustand ist keineswegs mit einer Vernichtung des Seins gleichzusetzen - solche Ansichten wurden schon früh zurückgewiesen.[242] Siddharta Gautama, der historische Begründer des nach ihm benannten Buddhismus[243] äußert sich im *Suttanipata*:

„*Den, der zur Ruhe ging, kein Maß mißt ihn.*
Von ihm zu sprechen gibt es keine Worte.
Zunichte ward, was Denken könnt' erfassen.
So ward zunicht auch jeder Pfad der Rede."[244]

Während die auf wenige Personen beschränkte Erlösungsmöglichkeit des ursprünglichen Buddhismus als kleines Fahrzeug - Hinayana - bezeichnet wird, spricht man bei der erst um die Zeitenwende entstandenen Form des *Mahayana*-Buddhismus vom großen Fahrzeug: In ihm eröffnen sich jedem rechtgläubigen Menschen die Wege des

---

[239] Bhagavadgita, 1984, 112.
[240] *Nirwana* bedeutet „Erlöschen", „Verwehen". Vgl. Vogel, 1978, 148-149.
[241] aus dem Dighanikaya. Zit. n. Vogel, 1978, 154.
[242] a.a.O., 145-146.
[243] Einflüsse des Buddhismus haben sich auch im chinesischen Universismus bemerkbar gemacht. Vgl. hierzu Glasenapp, 1989, 117-176.
[244] a.a.O., 151.

Heils. Auch soll jeder den übrigen Lebewesen auf dem Wege der Erlösung behilflich sein.[245]

Das *Sukhavati* („Glücksland"), welches nun allgemein zugänglich ist wird in schillernden Farben gemalt:

„*O Ananda, die Welt ist ... blühend, reich, schön darin zu leben, fruchtbar, lieblich und voller Götter und Menschen. Und dann, o Ananda, gibt es in dieser Welt weder Höllen noch grausame Natur (...) von den goldenen Bäumen sind die Blüten, die Blätter, die kleinen Zweige, die Äste, die Stämme und die Wurzeln aus Gold und die Früchte aus Silber ... die Zweiglein aus Kristall, die Blätter aus Korallen, die Blüten aus roten Perlen und die Früchte aus Diamanten.(...) Von jedem Edelsteinlotos gehen dreimillionensechshunderttausend Lichtstrahlen aus. (...) diejenigen, die in dieser Welt Sukhavati geboren wurden und geboren werden, sind mit Farben, Kraft, Stärke, Höhe, Breite, Gewalt, Tugenden, mit Freuden an Kleidern, Schmuck, Gärten, Palästen und Häusern, mit Vergnügungen der Sinne, kurz mit allen Vergnügungen begabt.*"[246]

Das dritte „Fahrzeug" des Buddhismus auf dem Weg, dem Kreislauf der Wiedergeburten und dem damit verbundenen Leid zu entkommen wird *Tantrayana* genannt. Es basiert auf Texten, die eine schnelle und wirksame Erlösung versprechen und wegen ihrer möglichen Gefahren bei der Anwendung nur mit Anleitung eines Lehrers, des *Lama*, benutzt werden sollen: den *Tantras*. Die wohl bekannteste, keineswegs aber einzige Sammlung tantrischer Texte ist das *Bardo Thödröl*[247], besser bekannt als das Tibetische Totenbuch.[248]

Die Gelegenheit zur Erlösung ergibt sich in besonderen Zwischen- bzw. Grenzsituationen, die im Mutterschoß, im Traum und bei der Meditation vorzufinden sind: dem Bardo, von dem es mehrere gibt. Dieser Zustand ist jedoch in besonderer Weise mit dem Tod verknüpft. Dieser beginnt im tibetischen Totenbuch mit dem Aussetzen der Atmung; im Anschluß daran ergeben sich mehrere Möglichkeiten der Erlösung, die durch Bewußtmachung der zu Lebzeiten erlernten Tantras erreicht werden kann. Letztere werden dem Sterbenden von einem Geistlichen zusätzlich vorgelesen, oft tage- oder wochenlang - auch wenn der Leichnam schon beseitigt wurde.[249] Hat der Tote die Chance zu seiner Erlösung im ersten Bardo verstreichen lassen, weil er das helle Licht

---

[245] In Legenden sind auch Höllenreisen überliefert worden. Vgl. Zaleski, 1993, 41.
[246] Vgl. Loerzer/Berger, 1990, 135-138.
[247] Übersetzt bedeutet *bardo thödröl* etwa „die große Erlösung durch Hören im Zwischenzustand", wobei der Ausdruck *bar-do* vermutlich mit „zwischen-zwei" paraphrasiert werden kann.
[248] Vgl. Sagaster, 1978, 175-179.
[249] a.a.O., 180-184.

der Buddhas nicht von seinen karmaverursachten Trugbildern und -lichtern unterscheiden konnte, so macht er im zweiten Bardo ein Erlebnis, das der Tibetologe Klaus Sagaster so schildert:

> *„...es erscheinen ihm Gestalten, Klänge, Lichter und Strahlen, die ihn erschrecken, bedrohen und ängstigen. Sein Bewußtsein hat sich inzwischen mit einem Geistkörper verbunden, einem Körper, der nicht aus Fleisch und Blut besteht, aber mit allen Sinnesfähigkeiten ausgestattet ist, so mit dem Gesichtssinn, den der Verstorbene besitzt, selbst wenn er während seines Lebens blind war. Der Geistkörper besitzt auch Wunderkräfte und kann z.b. gehen, wohin er will...(...) Der Tote sieht nun wie man seinen irdischen Körper entkleidet, ...und er vernimmt das Weinen und Wehklagen seiner Verwandten und Freunde. Doch er kann sich nicht mehr mit ihnen verständigen. Zwar sieht er sie, doch sie können ihn nicht sehen, und deshalb geht er voller Trauer weg."*[250]

Das tibetische Totenbuch bezeichnet die Erlebnisse als Trugbild, von denen sich der Tote nicht beindrucken lassen dürfe; es finden sich noch einige weitere Möglichkeiten der Erlösung im zweiten wie auch im dritten Bardo.

2.4. Religionen des Alten Orients und der römisch-griechischen Antike

In Ägypten wurden schon im Alten Reich die Körper der Könige und ihrer Verwandter einbalsamiert, um den Leichnam vor dem Zerfall zu schützen und den Toten auf das Jenseits vorzubereiten. Die aufwendigen Konservierungsmaßnahmen wurden dabei mit magischen Formeln begleitet, die auch in die Bestattungszeremonie eingegangen sein dürften. Mit Beginn des Neuen Reiches wurden die mittlerweile zahlreichen Sprüche auf Papyrusrollen gesammelt, die heute als ägyptisches Totenbuch bekannt sind.[251] Im Kapitel LXIV der besagten Spruchsammlung heißt es über das Jenseits:

> *„Ich bin das Heute.*
> *Ich bin das Gestern.*
> *Ich bin das Morgen....*
> *Bleibe ich kraftvoll und jung;*
> *Ich bin dem Geheimnis verwobene göttliche Seele,*
> *Die einstmals, in frühester Zeit*
> *Die Göttergeschlechter erschuf (...)*
> *Meine Strahlen erleuchten jedes auferstandene Wesen,*
> *Das im finstern Reiche der Toten*

---

[250] a.a.O., 184.
[251] Vgl. Loerzer/Berger, 1990, 11-14.

> *Durch verschiedene Wandlungen schreitet (...)*
> *Durch seiner Strahlen Licht das Leben erweckt,*
> *Das Keimen bewirkt und das Reifen der Früchte,*
> *Ihr alle, erfahret:*
> *Ra bin ich, wahrlich! (...)*
> *Dein Geist ist befriedigt, dein Herz findet Ruhe,*
> *Wenn du des Tages hehre Ordnung betrachtest,*
> *Wenn du zur schönen Stadt Khemenu gelangst,*
> *Die durch die Pforte des Ostens dann du verläßt..."*[252]

Kap. LXVI läßt eine Seele zu Wort kommen, die in diese Lichtwelt tritt:

> *„Das geheime Wissen, ich hab es erlangt! (...)*
> *Daß ich zugleich die Uadschit-Göttin mit Schlangenkopf bin,*
> *Ausstrahlung auch des göttlichen Auges des Horus;*
> *Seht, wie ich schwebe, den Vögeln des Himmels gleich!*
> *Jetzt steig ich nieder zur Stirne Ra's*
> *Und segele im Frieden auf dem himmlischen Meere*
> *Sitzend im Sonnenboot..."*[253]

Der ägyptische König Amenophis IV. (1364-1347 v.Chr.) hat die Sonne ins Zentrum seiner religiösen Lyrik gesetzt. Er hat versucht, den vorherrschenden Polytheismus durch einen vergeistigten Sonnenmonotheismus zu ersetzen. In seiner als Sonnengesang bekannt gewordenen religiösen Lyrik hat Echnaton, wie er später genannt wurde, ein unvergängliches Denkmal hinterlassen:

> *„Du erscheinst so schön im Lichtorte des Himmels,*
> *du lebendige Sonne, die zuerst zu leben anfing!*
> *Du bist aufgeleuchtet im östlichen Lichtorte*
> *und hast alle Lande mit deiner Schönheit erfüllt.*
> *Du bist schön und groß, glänzend und hoch über allen Landen.*
> *Deine Strahlen umfassen die Länder, bis zum Ende alles dessen, was du geschaffen hast;*
> *du bist die Sonne und dringst eben deshalb bis an ihr äußerstes Ende.*
> *(...)Du hast den Himmel gemacht fern von der Erde, um an ihm aufzuleuchten,*
> *um alles was du, einzig und allein du, geschaffen hast, zu sehen,*
> *wenn du aufgeleuchtet bist in deiner Gestalt als lebendige Sonne,*

---

[252] Zit. n. Loerzer/Berger, 1990, 15.
[253] a.a.O., 16.

erschienen und glänzend, fern und doch nah."[254]

Weniger Trost im Vergleich zum ägyptischen Totenreich bietet dagegen die Jenseitsvorstellung in Mesopotamien. Anhand der wenigen sumerisch-akkadischen Schriftquellen, die erhalten geblieben sind läßt sich eine grobe Beschreibung vom „Land ohne Rückkehr"[255] anfertigen, einer altsumerischen Vorstellung, die in der Folge auch von Babyloniern, Assyrern und Semiten übernommen wurde:

Nach dem Tod macht sich die Seele auf nach Westen, um in die Unterwelt einzutreten. Im Epos vom Abstieg der Liebesgöttin Istar heißt es:

„Ihren Sinn richtete die Tochter des Sin
zum finsteren Hause, dem Wohnsitz der Göttin von Erkalla,
zum Hause, aus dem niemand herauskommt, der es betrat,
zum Wege, dessen Begehen ohne Rückkehr ist,
zum Hause, (in dem,) der es betritt, des Lichtes entbehrt,
wo Staub ihre Nahrung, Lehm ihre Speise,
sie Licht nicht sehen, im Dunkeln sitzen,
wie Vögel mit einem Flügelkleide bekleidet sind,
auf Tür und Riegel Staub lastet."[256]

Unter bestimmten Umständen war es den Toten möglich, wieder zur Erde zurückzukehren, um die Lebenden - meist Angehörige, die ihnen gegenüber der Opferpflicht nicht nachkamen - zu bedrängen. Die Aussicht, nach dem Leben an einen recht trostlosen Ort zu gelangen, galt mit wenigen Ausnahmen für alle.[257] Auch wenn der jenseitige Aufenthalt zeitlich nicht begrenzt war, ist er mit einem unsterblichen Sein nicht vergleichbar: Leben in diesem Sinne, so läßt eine Passage des Gilgamesch-Epos erkennen, war unerreichbar:

„Gilgamesch, wohin schweifst du ruhelos?
Das Leben, das du suchst, nie wirst du es finden!
Da die Götter den Menschen schufen, verliehen sie
ihm den Tod.
Das Leben aber behielten sie für sich."[258]

---

[254] Zit.n. Gruhl, 1984, 19-21.
[255] Daneben wurden auch die Ausdrücke „großer Ort" und „große Stadt" gebraucht. Vgl. Schützinger, 1978, 51.
[256] Zit.n. Schützinger, 1978, 52-53.
[257] Vgl. Schützinger, 1978, 48-61 und Moraldi, 1987, 15-42.
[258] Zit.n. Moraldi, 1987, 26.

Gilgamesch war auf der Suche nach der Unsterblichkeit; ungeachtet der im Epos geschilderten letztlichen Erfolglosigkeit gelingt es dem legendären Herrscher von Uruk jedoch, ins Reich des Todes einzudringen und von dort wieder zurückzukehren:

„*A long time afterwards he discovered behind the oceans at the edge of this world the river Chubur, the last barrier before the kingdom of the dead. Gilgamesh left the world and crawled through a dark endless tunnel. It was a long uncomfortable way...but at last he saw light at the end of the dark tube. He came to the exit of the tunnel and saw a splendid garden. The trees carried pearls and jewels and over all a wonderful light emitted its rays. Gilgamesh wanted to rest in the other world. But the sungod sent him back through the tunnel into his life.*"[259]

Im alten Iran zoroastrischer Prägung hat sich schon früh die Gewißheit einer jenseitigen Welt verankert. Nach Zarathustras Lehre liegt die Zukunft des Menschen im göttlichen Lichtreich, einer Welt, mit deren Aufbau schon im Diesseits begonnen werden muß und die dann schließlich in einem endzeitlichen Kampf ihre Durchsetzung und Vollendung findet. Verbunden mit dieser Erwartung ist auch die Vorstellung von einem jenseitigen Strafgericht, welches die Feinde des Glaubens aburteilt. Schon im Älteren Avesta[260] wurde von einer Auferstehung der Seele wie auch des Leibes gesprochen; im Jüngeren Avesta findet sich eine Beschreibung der Weltvollendung:

„*Der Ruhmesglanz ist es, der dem Weisen Herren eigen ist, damit der Weise Herr die Geschöpfe erschaffe, die vielen und schönen, die vielen und vortrefflichen, die vielen und wundervollen, die vielen und strahlenden; damit sie das Leben wundervoll machen, nicht alternd, nicht sterbend, nicht verwesend, nicht faulend, ewig lebend, ewig gedeihend, so daß freies Belieben herrscht. Wenn die Toten wieder auferstehen werden, für die Lebenden Vernichtungslosigkeit kommen wird, dann wird er die Existenz nach seinem Willen erneuern.*"[261]

Eine weitere Schilderung findet sich in der späteren Pehlevi-Literatur. Der Religionswissenschaftler Hans-Joachim Klimkeit faßt die dort geschilderte Endphase der Auferweckung zusammen:

---

[259] Zit.n. Schröter-Kunhardt, 1993b, 225.
[260] Diese Schriften gehen tatsächlich auf den Religionsstifter Zarathustra zurück; die erstmalige schriftliche Fixierung ist aber unklar. Vgl. Klimkeit, 1978, 64-65.
[261] Zit.n. Klimkeit, 1978, 71.

„...schließlich die freudige gegenseitige Begrüßung aller guten Menschenseelen, die sich jetzt auch wieder mit ihrem Leib vereinigen können. Sie gehen ins Lichtreich des Weisen Herren zu einem unsterblichen und ewigen Leben ein."[262]

Daneben finden sich in der eschatologischen Tradition des Zoroastrismus zahlreiche Berichte über Jenseitsfahrten. Zaleski schildert ein klassisches Beispiel, bei dem der Priester Viraz nach Einnahme eines Narkotikums eine derartige Reise selbst induziert:

„Nachdem er sieben Tage lang in komatösem Zustand wie leblos darniederlag, kehrt er ins Leben zurück und erzählt von dem, was er gesehen hatte: die Brücke des Separators (wo jede Seele auf ihr Bewußtsein trifft), das Wägen der Taten, die Stätte der „Gemischten" (wo sich diejenigen aufhalten, deren gute Taten die frevlerischen überwiegen), über die himmlischen Orte der Sterne, des Mondes und der Sonne ...; das strahlende Paradies des ewigen Lebens, den reißenden Fluß, der von den Tränen der Trauernden überflutet ist; und die dunklen Höllenverliese, wo die Gottlosen sich in Verzweiflung winden."[263]

Im mykenischen Griechenland gab es bereits einen ausgeprägten Ahnenkult; vermutlich fand aufgrund der ab 1200 v.Chr. einsetzenden Wanderungsbewegung und der damit verbundenen Entfernung von den Grabstätten der Verstorbenen auch deren Verehrung ein Ende. Obwohl manche Passagen bei Homers Odyssee auf diese Vergangenheit hindeuten, findet die frühere Praxis dort keine Fortsetzung. Die Griechen nahmen an, es gebe neben einem sterblichen Körper und einem Geist, der nach dem Ableben in den Weltgeist zurückkehrt auch eine individuelle Seele, die nach dem Tod in die Unterwelt, den Hades, einkehrt. Ein trostloses Schattendasein und eine stete Sehnsucht nach dem früheren Leben bestimmt das Schicksal seiner Bewohner.[264]

Wen allerdings die Götter dazu auserwählt haben, in den „Elysischen Gefilden" zu weilen, kann einer paradiesischen Zukunft entgegenblicken. Homer schreibt:

„In die elysische Flur zu den Grenzen der Erde entheben
Einst unsterbliche Dich, dorthin, wo der goldengelockte
Held Rhadamanthys weilt, wo in seliger Wonne die Menschheit
Schwelgt: - dort fällt kein Schnee, kein Regen, es fehlen des Winters
Stürme, in stetem Rauschen entsenden zephyrische Lüfte
Von des Okeanos Fluten belebenden Hauch zu den Menschen..."[265]

---

[262] a.a.O., 73.
[263] Vgl. Zaleski, 1993, 38.
[264] Vgl. Moraldi, 1987, 64-95.
[265] Zit.n. Loerzer/Berger, 1990, 27.

Auf ein anderes Erlebnis im Zusammenhang mit der Fahrt in jenseitige Regionen stößt man bei Platos *Politeia*.[266] Im Mythos des pamphylischen Kriegers *Er* wird geschildert, wie dieser beim Kampf fällt und anschließend jenseitige Welten durchquert. Erst nach Tagen kommt der scheinbar tote Krieger zu sich, als man ihn schon auf den Scheiterhaufen gelegt hat, um den Leichnam zu verbrennen. Moraldi faßt die ausführliche Erzählung Platos zusammen:

„Nachdem er den Körper verlassen hatte, gelangte er an einen jenseitigen Ort, der von vier gewaltigen Höhlen durchzogen war...Zwischen ihnen saßen Richter, die jedem sein Urteil verkündeten.... [er erblickte] am Ausgang aus der Unterwelt »unreine und besudelte Seelen«, an dem Weg aber, der vom Himmel herabführte, reine und geläuterte Seelen. Sie alle lagerten sich auf einer Wiese und berichteten einander ihre Erlebnisse an dem jeweiligen Ort, von dem sie kamen....[jene,] die vom Himmel herabgestiegen waren - sprachen von der unermeßlichen Freude und Glückseligkeit, die ihnen dort zuteil wurde. (...) Die Seelen verweilen nicht länger als sieben Tage auf der Wiese. Am achten Tag brechen sie auf, und nach weiteren vier Tagen erblicken sie ein Lichtbündel von außerordentlicher Helligkeit, vergleichbar dem Regenbogen: die Lichtsäule, die den ganzen Kosmos umspannt und als »Spindel der Notwendigkeit« alle Seelen zur Wiederverkörperung zieht."[267]

Plato greift in seinen Werken zwar die Schilderungen Homers auf, er modifiziert sie aber nach seinen Vorstellungen. So ersetzt er die trostlose Welt des Hades durch ein differenziertes und individuelles Schicksal, das an die Taten des früheren Lebens geknüpft ist. Zugleich findet sich der Gedanke an Wiedergeburt - ein Prozeß, der von begrenzter, wenngleich langer Dauer ist, schließlich aber zur Glückseligkeit führen kann. Das irdische Leben stellt Plato in seinem bekannten Höhlengleichnis als Schattenereignis dar, das mit der Wirklichkeit qualitativ nicht gleichgesetzt werden kann und nur deren Abglanz darstellt: Der Körper gilt in diesem Zusammenhang als Grab der Seele.[268] Jenes wollte man schon zu Lebzeiten in den Eleusinischen Mysterien probeweise verlassen, um sich auf den Tod vorzubereiten. Plutarch soll hierzu gesagt haben:

„Die Seele (zum Zeitpunkt des Todes) macht dieselbe Erfahrung wie diejenigen, die in die großen Mysterien eingeweiht wurden."[269]

Unter dem Einfluß der griechischen Kultur haben sich auch im Alten Rom die Vorstellungen vom Jenseits geändert. Ausgehend von einem Totenkult, wie er etwa im

---

[266] zu übersetzen etwa mit „Staatsverwaltung".
[267] Moraldi, 1987, 106-108.
[268] a.a.O., 96-111.
[269] Zit.n. Zaleski, 1993, 30.

Zweistromland zu finden war, finden die Gedanken Homers und Platos schließlich Eingang in die Literatur. Vergils *Aeneis*, in der der Städtegründer Aeneas - begleitet von der Seherin Sibylle von Cumae - ins Totenreich zieht weist eine starke Affinität zu Homers Schilderungen bei der Irrfahrt des Odysseus auf. Gleichzeitig wird auch Platos Wiedergeburtslehre aufgegriffen. Vergil läßt Aeneas zunächst die höllischen Bereiche der Unterwelt besuchen, bevor ihm auch ein Blick ins Elysium gewährt wird, wo die besten Seelen ihre volle Reinheit erlangen:

> *„Sie kamen zum Ort der Freude,*
> *Zu lieblich grünen Auen in dem Haine*
> *Des Paradieses, wo die Sel'gen weilen.*
> *Ätherfülle liegt ob den Gefilden*
> *Und umkleidet sie mit Purpurglanze,*
> *Eigne Sonnen, Sterne strahlen dorten.*
> *Auf den Rasenplätzen übt sich turnend*
> *Eine Gruppe, mühet sich im Wettlauf*
> *Oder ringet in dem gelben Sande;*
> *Andre tanzen Reigen zu Gesängen.*
> *Orpheus im Talare läßt zum Takte*
> *Seine Leier in Akkorden klingen...(...)*
> *Alles was sie einst im Leben liebten,*
> *Durften sie im Erdenschoß.*
> *Da gewahrt' er [Aeneas] rechts und links im Grase*
> *Andre schmausen: Dankeshymnen schallen*
> *Heiter durch des Haines Lorbeerdüfte,*
> *Und zum Himmelslicht empor durch Wälder*
> *Wallt Eridanus, der heil'ge Strom.“*[270]

Vorstellung von einem Leben nach dem Tod gab es auch in Mittel- und Nordeuropa. Die Mythologie der dort ansässigen Germanen ist in der Edda[271] festgehalten. Während die gefallenen Kriegshelden in die *Walhall* einziehen, deren Herr der oberste Gott Wodan ist, und sich dort leiblichen Genüssen hingeben, finden sich die anderen Toten zunächst in der Schattenwelt *Hel* ein. Später gelangen sie nach Niflheim, in eine nördliche Eiswelt.

---

[270] Zit.n.Loerzer/Berger, 1990, 55.
[271] Die Edda besteht aus zwei altisländischen Werken: einem prosaischen und einem poetischen Teil; die Zuordnung der Einzelschriften auf die germanischen Siedlungsregionen ist jedoch unsicher.

Im Paradies sind die ehemaligen Krieger mit Kampfübungen beschäftigt, die als Vorbereitung auf einen endzeitlichen Kampf dienen. Im Anschluß an diese Schlacht, die das Ende der Welt bedeutete, sollte schließlich eine neue Welt beginnen und ein goldenes Zeitalter anbrechen.[272] In der älteren Edda heißt es hierzu:

> *„Da werden unbesät die Äcker tragen,*
> *Alles Böse bessert sich, Baldur kehrt wieder. (...)*
> *Einen Saal seh ich heller als die Sonne,*
> *Mit Gold bedeckt auf Gimils Höhn:*
> *Da werden bewährte Leute wohnen*
> *Und ohne Ende der Ehren genießen."*[273]

2.5. Judentum

Im Alten Testament erfährt der Mensch die Begrenztheit des eigenen Lebens als Folge der Mißachtung göttlicher Verbote durch seine Stammeltern. Nach dem sog. „Sündenfall"[274] weist Gott den Menschen aus dem Paradies und *„ließ östlich vom Garten Eden die Cherubim sich lagern und die Flamme des zuckenden Schwertes, den Weg zum Baum des Lebens zu bewachen."*

Nach dem Tode erwartete den Menschen eine unterweltliche Existenz im Schattenreich, Scheol genannt. Diese Seinsform war vom irdischen Leben grundverschieden, sie galt als Gegenstück zu jenem.[275] Im Laufe der Zeit hat sich die trostlose Erwartungshaltung etwas geändert, wie eine Ermahnung Gottes erkennen läßt:

„Ich rufe heute den Himmel und die Erde als Zeugen gegen euch auf: das Leben und den Tod habe ich euch vorgelegt, den Segen und den Fluch! So wähle das Leben, damit du lebst, du und deine Nachkommen...."[276]

Mit einem Hinweis auf künftige Ereignisse wird das Buch Daniel deutlicher, was die individuelle[277] Auferstehungshoffnung betrifft:

---

[272] Vgl. Loerzer/Berger, 1990, 70-71.
[273] Völupsâ, 60, 62.
[274] 1Mo 3. Die Quellenangaben des Alten und Neuen Testaments beziehen sich auf die revidierte Ausgabe der Elberfelder Bibel von 1987.
[275] Vgl. Plöger, 1978, 77-85.
[276] 5Mo 30.19.
[277] Schon früher erfolgte Andeutungen betrafen meist in kollektiver Weise das Überleben des Volkes Israel, nicht aber ein postmortales Weiterleben des einzelnen. Vgl. Plöger, 1978, 82 - der individuelle Auferstehungsgedanke wurde später vereinzelt wieder zurückgenommen. Vgl. Hoheisel, 1978, 103.

„*...Und es wird eine Zeit der Bedrängnis sein, wie sie (noch) nie gewesen ist, seitdem (irgendeine) Nation entstand bis zu jener Zeit. Und in jener Zeit wird dein Volk errettet werden, jeder, den man im Buch aufgeschrieben findet. Und viele von denen, die im Staub der Erde schlafen, werden erwachen: die einen zu ewigem Leben, die anderen zur Schande, zu ewigem Abscheu. Und die Verständigen werden leuchten wie der Glanz der Himmelsfeste; und die, welche die vielen zur Gerechtigkeit gewiesen haben, (leuchten) wie Sterne immer und ewig.*"[278]

Von einer ungewöhnlichen Leuchtkraft berichtet das Alte Testament schon vor dem Auszug der Israeliten ins gelobte Land. Während Mose am Berg Horeb seine Schafe weidet, kommt es zu einer Begegnung:

„*Da erschien ihm der Engel des HERRN*[279] *in einer Feuerflamme mitten aus einem Dornbusch. Und er sah (hin), und siehe der Dornbusch brannte im Feuer, und der Dornbusch wurde nicht verzehrt. Und Mose sagte (sich): Ich will doch hinzutreten und dieses große Gesicht*[280] *sehen, warum der Dornbusch nicht verbrennt. Als aber der HERR sah, daß er herzutrat, um zu sehen, da rief ihm Gott mitten aus dem Dornbusch zu und sprach: Mose! Mose! Er antwortete: Hier bin ich.*"[281]

Während das Alten Testaments bei Schilderungen mystischer Erlebnisse vergleichsweise nüchtern wirkt, finden sich in den apokryphen Schriften lebhaftere Darstellungen. Das äthiopische Buch Henoch[282] schildert den Nachfahren Adams auf seiner Jenseitsreise:

„*...Sie nahmen mich fort und versetzten mich an einen Ort, wo die dort befindlichen Dinge wie flammendes Feuer sind, und wenn sie wollen, erscheinen sie wie Menschen...Ich sah die Örter der Lichter, die Vorratskammern der Blitze und des Donners und in der äußersten Tiefe einen feurigen Bogen...Sie versetzten mich an die lebendigen Wasser und an das Feuer des Westens, das die jedesmal untergehende Sonne empfängt. Ich kam bis zu einem Feuerstrome, dessen Feuer wie Wasser fließt und der sich in ein großes Meer im Westen ergießt. (...) ...drei Räume sind gemacht, um die*

---

[278] Dan 12.1-3.

[279] Großschrift in der Übersetzung; der Gottesname JHWH wird mit Verweis auf die neutestamentliche Benutzung mit „Herr" wiedergegeben und in Großbuchstaben gedruckt. Vgl. Vorwort zur Elberfelder Bibel, 1987, V-VI.

[280] Statt „dieses große Gesicht" werden auch „diese große Erscheinung" und „Vision" als Übersetzungen angeboten.

[281] 2Mo 3.2-4.

[282] Die Zuordnung der Jenseitsschilderung zu Henoch dürfte erfolgt sein, weil von Henoch als einer von wenigen Ausnahmen geschrieben steht, er sei ohne Tod direkt ins Jenseits aufgenommen worden. Vgl. 1Mo 5.24.

Geister der Toten zu trennen; und so ist eine besondere Abteilung gemacht für die Geister der Gerechten da, wo eine helle Wasserquelle ist.... "[283]

Zu den nichtkanonischen Schriften wird auch die Erzählung von der „Himmelfahrt des Jesaja" gerechnet, wo es am Ende heißt:

„Und der Engel, der mich führte, fühlte, was ich dachte, und sprach: Wenn du dich schon über dieses Licht freust, wie vielmehr, wenn im siebentem Himmel du das Licht sehen wirst, wo Gott und sein Geliebter ist, woher ich gesandt worden bin, der in der Welt Sohn genannt werden soll. (...) Denn das Licht daselbst ist groß und wunderbar."[284]

Schilderungen der nachmessianischen, neuen Welt finden sich in Talmud und Midraschim[285]; sie lehnen sich stark an jene Beschreibungen an, die der Prophet Jesaja verkündet hat:

„Gerechtigkeit wird der Schurz seiner Hüften sein und die Treue der Schurz seiner Lenden. - Und der Wolf wird beim Lamm weilen und der Leopard beim Böckchen lagern. Das Kalb und der Junglöwe und das Mastvieh werden zusammen sein, und ein kleiner Junge wird sie treiben. Kuh und Bärin werden (miteinander) weiden, ihre Jungen werden zusammen lagern. Und der Löwe wird Stroh fressen wie das Rind. Und der Säugling wird spielen an dem Loch der Viper und das entwöhnte Kind seine Hand ausstrecken nach der Höhle der Otter. Man wird nichts Böses tun noch verderblich handeln auf meinem ganzen heiligen Berg. Denn das Land wird voll von Erkenntnis des HERRN sein, wie von Wassern, die das Meer bedecken."[286]

2.6. Christentum

Unter den zahlreichen Wunderberichten und Erscheinungen des Neuen Testaments schlägt ein von allen synoptischen Evangelisten geschildertes Ereignis eine Brücke zurück in die Geschichte Israels. Bei Matthäus heißt es:

„Und nach sechs Tagen nimmt Jesus den Petrus und Jakobus und Johannes, seinen Bruder, mit und führt sie abseits auf einen hohen Berg. Und er wurde vor ihnen umgestaltet. Und sein Angesicht leuchtete wie die Sonne, seine Kleider aber wurden weiß

---

[283] Zit.n. Hierzenberger, 1988, 129-131.
[284] a.a.O., 137.
[285] Vgl. Hoheisel, 1978, 106-108.
[286] Jes 11.5-9.

wie das Licht; und siehe, Mose und Elia erschienen ihnen und unterredeten sich mit ihm."[287]

In der Apostelgeschichte ist es die Verwandlung des Saulus, die sich unter denkwürdigen Umständen vollzieht. Der frühere Verfolger von Christen wandelt sich in einem Sprichwort gewordenen Akt zum späteren Apostel Paulus[288] und eifrigen Missionar:

„Als er aber hinzog, geschah es, daß er Damaskus nahte. Und plötzlich umstrahlte ihn ein Licht aus dem Himmel, und er fiel auf die Erde und hörte eine Stimme, die zu ihm sprach: Saul, Saul, was verfolgst du mich? Er aber sprach: Wer bist du, Herr? Er aber (sagte): Ich bin Jesus, den du verfolgst. Doch steh auf und geh in die Stadt, und es wird dir gesagt werden, was du tun sollst. Die Männer aber, die mit ihm des Weges zogen, standen sprachlos, da sie wohl die Stimme hörten, aber niemand sahen."[289]

Bei einem späteren Erwähnen des Erlebnisses wird offenbar vertauscht, welche Wahrnehmungen nur Paulus zugänglich waren und welche auch von Umstehenden gemacht wurden:

„Die aber bei mir waren, sahen zwar das Licht, aber die Stimme dessen, der mit mir redete, hörten sie nicht."[290]

Im zweiten Korintherbrief kommt Paulus zudem auf ein Erlebnis zu sprechen, das er aber nicht beschreibt, sondern nur andeutet:

„Ich weiß von einem Menschen in Christus, daß er vor vierzehn Jahren - ob im Leib, weiß ich nicht, oder außer dem Leib, weiß ich nicht; Gott weiß es -, daß dieser in den dritten Himmel entrückt wurde. Und ich weiß von dem betreffenden Menschen - ob im Leib oder außer dem Leib, weiß ich nicht; Gott weiß es -; daß er in das Paradies entrückt wurde und unaussprechliche Worte hörte, die auszusprechen einem Menschen nicht zusteht."[291]

In der Offenbarung des Johannes schließlich finden sich ausführliche Beschreibungen des künftigen Gottesreiches, des neuen Jerusalem. Großzügig in ihrer Dimension und prachtvoll an Bau ist sie von der Gegenwart Gottes durchdrungen:

---

[287] Mt 17.1-3. Vgl. Mk 9.2-4 sowie Lk 9.28-30.
[288] Zur paulinischen Auferstehungslehre Vgl. Zimmermann, 1978, 86-96.
[289] Apg 9.3-7.
[290] Apg 22.9.
[291] 2Kor 12.2-5.

"Und Nacht wird nicht mehr sein, und sie bedürfen nicht des Lichtes einer Lampe und des Lichtes der Sonne, denn der Herr, Gott, wird über ihnen leuchten, und sie werden herrschen in alle Ewigkeit."[292]

Die Umstände, die dieser Offenbarung zugrundeliegen, werden wie folgt geschildert:

"Und ich wandte mich um, die Stimme zu sehen, die mit mir redete, und als ich mich umwandte, sah ich sieben goldene Leuchter, und inmitten der Leuchter (einen) gleich einem Menschensohn, bekleidet mit einem bis zu den Füßen reichenden Gewand und an der Brust umgürtet mit einem goldenen Gürtel; sein Haupt aber und die Haare (waren) weiß wie weiße Wolle, wie Schnee, und seine Augen wie eine Feuerflamme...sein Angesicht (war), wie die Sonne leuchtet in ihrer Kraft. Und als ich ihn sah, fiel ich zu seinen Füßen wie tot...."[293]

Weitaus überschwenglichere Berichte von Einblicken in jenseitige Regionen finden sich in den nichtkanonischen Schriften, etwa dem sogenannten Nikodemus-Evangelium. Im drittem Teil dessen wird von den beiden verstorbenen Söhnen des greisen Simeon berichtet, die wiederauferstehen, um der Ratsversammlung von ihren Erfahrungen im Jenseits Zeugnis zu geben:

"Wir waren also im Hades[294] *zusammen mit allen denen, die von Urzeiten her entschlafen sind. In der Stunde aber der Mitternacht strahlte es in jener Finsternis auf wie Sonnenlicht und leuchtete, und wir wurden allesamt beschienen und sahen einer den anderen. Und sogleich...sagten sie einer zum anderen: Das ist das Licht vom Vater und vom Sohn und vom heiligen Geist! Über das habe ich, als ich noch lebte gesagt: Land Sebulon und Land Naphthali, das Volk, das in Finsternis sitzt, siehe, ein großes Licht erstrahlt ihm."*[295]

Ähnliche Berichte werden auch im christlichen Mittelalter niedergeschrieben, so etwa vom hl. Patrick. Andere Visionen werden von einem gewissen Drythelm oder der Katharina von Genua geschildert.[296] Schon Papst Gregor der Große widmete sich der Sammlung solcher Erlebnisse und befragte selbst die entsprechenden Personen. Die Berichte wurden dann von ihm so bearbeitet, daß sie den gewünschten belehrenden Charakter erhielten, ohne den ihm zugetragenen Inhalt wesentlich zu verändern.[297]

---

[292] Offb 22.5.
[293] Offb 1.12-17.
[294] Gemeint ist jenes Totenreich, in dem sich die Verstorbenen bis zum Jüngsten Gericht aufhalten.
[295] Zit.n. Hierzenberger, 1988, 131-132.
[296] Vgl. hierzu Zaleski, 1993, 51-146 sowie Loerzer/Berger, 1990, 177-192.
[297] Vgl. Zaleski, 1993, 46-50.

Reichhaltig sind die Schilderungen eines Soldaten, von dessen Schicksal Gregor berichtet:

„Er sagte - und die Sache ist seitdem Vielen bekannt geworden, - es sei eine Brücke dagewesen, unter welcher ein schwarzer, düsterer Strom dahinfloß, der einen Nebel von unerträglichem Gestank ausdünstete. Über der Brücke waren freundliche, grünende Wiesen, mit wohlriechenden Blumengebüschen geziert, auf welchen weißgekleidete Menschen beisammen zu stehen schienen. Solcher Wohlgeruch herrschte an jenem Ort, daß die da selbst Lustwandelnden und Wohnenden ganz davon erfüllt waren. Dort hatte jeder seine Wohnung von herrlichem Licht durchglänzt."[298]

Im Anschluß erfährt der Soldat an anderen Personen die konkreten Konsequenzen irdischer Taten; der Läuterungsprozeß, in dem sich die Toten im hiesigen Zwischenreich - dem „Fegfeuer" - befinden, tritt bei der Schilderung klar in den Vordergrund.

2.7. Islam

Mit dem Koran als Grundlage ist der Islam stark mit der Person Mohammeds verknüpft; schon die Art und Weise, wie sich Allahs Wort dem Propheten offenbarte, deutet auf außergewöhnliche Umstände hin. In der Überlieferung des Al-Buchari heißt es:

„Die erste Offenbarung, die der Prophet erhielt, begann mit guten Traumgesichten im Schlaf; jeder Traum, den er sah, pflegte ihm so deutlich wie der Anbruch des Morgens zu kommen. Dann empfand er Liebe zur Einsamkeit und pflegte sich in die Höhle des Berges Hira zurückzuziehen, sich in ihr eine bestimmte Anzahl von Nächten religiösen Übungen zu widmen, bevor er zu seiner Familie zurückkehrte...bis die Wahrheit zu ihm kam, während er in der Höhle des Hira war. Da kam der Engel zu ihm..."[299]

Vom Engel wird Mohammed gewaltsam genötigt, zu rezitieren. Von Furcht gepackt läßt er sich zu Hause einwickeln, bis sich sein Zustand gebessert hat. Später setzen sich die Offenbarungen aber fort:

„Während ich einherging, hörte ich eine Stimme vom Himmel; da blickte ich auf, und da saß der Engel, der auf dem Hira zu mir gekommen war, auf einem Thron zwischen Himmel und Erde. Da fürchtete ich mich vor ihm, kehrte zurück und sagte: Wickelt mich ein!"[300]

Doch Mohammed wird aufgefordert, aufzustehen:

---

[298] Zit.n. Zaleski, 1993, 48.
[299] Zit.n. Hierzenberger, 1988, 148.
[300] a.a.O., 149.

> „O du (mit deinem Mantel) Bedeckter
> Steh auf und warne,
> Und deinen Herrn, verherrliche (ihn)
> Und deine Kleider, reinige (sie)
> Und den Greuel, flieh (ihn,)
> Und spende nicht um mehr zu empfahn,
> Und harr auf deinen Herrn in Geduld."[301]

Allmählich erst schwinden Furcht und Zweifel an der Echtheit der Offenbarungen. In einer späteren Sure wird schließlich deutlich, welches Schicksal den Menschen nach dem Tod erwartet:

> „Wehe an jenem Tage denen, die (die Gesandten) der Lüge ziehen,
> Sie, die zum Zeitvertreib schwatzten!
> An jenem Tage sollen sie in Dschehannams Feuer gestoßen werden.
> ʾDas ist das Feuer, das ihr für Lüge erklärtet.
> Ist dies etwa Zauberei oder sehet ihr nicht?
> Brennet in ihm und haltet aus oder haltet nicht aus, es ist gleich für euch, ihr werdet nur für euer Tun belohnt.ʾ
> Siehe, die Gottesfürchtigen kommen in Gärten und Wonne,
> Genießend, was ihr Herr ihnen gegeben hat. Und befreit hat sie ihr Herr von der Strafe des Höllenpfuhls.
> ʾEsset und trinket und wohl bekomm's - für euer Tun!ʾ
> Gelehnt auf Polstern in Reihen, und wir vermählen sie
> mit großäugigen Hûris. (...)
> Und wir wollen sie reichlich mit Früchten und Fleisch versorgen,
> wie sie es nur wünschen."[302]

Ausführlichere Beschreibungen als im Koran selbst, finden sich in volkstümlichen Erzählungen, wie etwa im „Buch über die Umstände bei der Auferstehung":

> „Wenn sie zu ihrem Höllenhofe gelangen, kommen ihnen die Höllengeister mit Halseisen und Ketten entgegen. Eine solche Kette wird in den Mund des Menschen gesteckt und aus seinem Hintern wieder hervorgezogen; seine linke Hand wird an seinen Hals gefesselt, seine rechte ins Innere des Herzens gedrängt und dann zwischen den Schultern herausgezogen. Er wird nun gefesselt, und (das geschieht so), daß sie immer einen Menschen mit einem Satan an einer Kette zusammenkoppeln. (..)

---

[301] Sure 47, 1-7. Sämtliche Zitate beziehen sich auf die bei Reclam erschienene Koranausgabe, in der Übersetzung von Max Henning.
[302] Sure 52, 11-22.

Jenseits der Höllenbrücke sind weit ausgedehnte Felder, auf denen anmutige Bäume wachsen. Unter einem jeden Baum sind zwei Wasserquellen, die aus dem Paradies hervorfließen... (...) ihr Körper wird weich und geschmeidig wie eine knospende Dattel, und ihr Leib duftet wie Moschus. (...) Das Haar der Frauen der Paradiesbewohner (ist so glänzend), daß, wenn ein Haar davon auf die Erde fiele, es über alle Bewohner derselben helles Licht verbreiten würde."[303]

Nach Mohammeds Tod kam es zu verschiedenen Interpretationen, inwiefern das persönliche Schicksal nach dem Tod durch entsprechende Taten im Leben oder durch Fürsprache des Propheten wie auch der Imame beeinflußt wird.[304] Die Gewißheit eines Jüngsten Gerichts, bei dem gute und schlechte Taten gegeneinander aufgewogen werden, wird bereits durch die früh entstandene 83. Sure verkündet.

Die allgemein sparsamen Jenseitsbeschreibungen des Korans werden durch das Verbot, sich ein Bild von Allah zu machen, zusätzlich beschränkt. Umso mehr hat die Beschreibung Gottes in der 24. Sure Mystiker und Dichter gleichermaßen animiert:

„Allah ist das Licht der Himmel und der Erde. Sein Licht ist gleich einer Nische, in der sich eine Lampe befindet; die Lampe ist in einem Glase, und das Glas gleich einem flimmernden Stern. Es wird angezündet von einem gesegneten Baum, einem Ölbaum, weder vom Osten noch vom Westen, dessen Öl fast leuchtete, auch wenn es kein Feuer berührte - Licht über Licht! Allah leitet zu seinem Licht, wen er will, und Allah macht Gleichnisse für die Menschen und Allah kennt alle Dinge."[305]

Der Koran erwähnt in der 17. Sure die „Nachtfahrt" Mohammeds von Mekka nach Jerusalem als eine von mehreren Visionen des Propheten.[306] Die kanonische Überlieferung äußert sich aber nur knapp, was die Umstände betrifft:

„Preis dem, der seinen Diener des Nachts entführte von der heiligen Moschee zur fernsten Moschee, deren Umgebung wir gesegnet haben, um ihm unsre Zeichen zu zeigen. Siehe, er ist der Hörende, der Schauende."[307]

Ersatz bietet das apokryphe „Buch der Leiter". Es berichtet von einem Fabeltier, mit dem Mohammed nach Jerusalem reist, um dort beim Tempel die Himmelsleiter zu erklimmen, die der Engel Gabriel herabläßt. Beim Durchqueren der sieben Himmel trifft der Prophet auf Engel und biblische Gestalten; er durquert alleine die Paradieswelten

---

[303] Zit.n. Nagel, 1978, 138-139.
[304] Vgl. hierzu Nagel, 1978, 130-144.
[305] Sure 24, 35.
[306] Visionen werden auch in Sure 2, 88-91.98-99.254 und in Sure 57, 27-30 angesprochen. Vgl. hierzu Hierzenberger, 1988, 152-154.
[307] Sure 17, 1.

und Höllengegenden, bevor er schließlich wieder hinabsteigt und nach Mekka zurückreitet.[308]

In späterer Zeit wurde versucht, durch entsprechende Sufi-Praktiken die Jenseitsreise des Propheten nachzuahmen, um schon zu Lebzeiten in die ersehnte Gottesnähe zu gelangen.[309]

3. Gegenseitiger Einfluß: Spekulation und Gewißheit

Auf den ersten Blick scheinen Nah-Todeserlebnisse und Jenseitsschilderungen in den verschiedenen religiösen Umfeldern deutliche Parallelen aufzuweisen. Ob es sich dabei um zufällige Überschneidungen handelt oder eine gegenseitige Einflußnahme vorliegen könnte, soll das folgende Unterkapitel beleuchten.

Grundsätzlich besteht kein notwendiger Zusammenhang zwischen einer möglichen Einflußnahme der beiden Phänomene - sowohl in nur einer Richtung als auch interaktiv - und ihrer jeweiligen Realität in religiös-metaphysischer Hinsicht. Unter diesem Gesichtspunkt sind mehrere Konstellationen möglich.

3.1. Sichere Zahlen: Die „Färbung" des Nah-Todeserlebnisses

Auf den ersten Blick enthalten die Berichte von Experiencern eine Reihe von Hinweisen, welche die Vermutung bestätigen, die jeweilige Erfahrung trage die Züge der eigenen Vorstellungen sowie gegebenenfalls jene des soziokulturellen Umfeldes: Die religiösen Figuren und Erscheinungen entsprechen meist der eigenen Vorstellungswelt[310]; die wahrgenommene äußere Umgebung trägt Züge der alltäglichen Landschaft und Architektur.[311] Auch die sozialen Rollen der angetroffenen Personen lassen einen Vergleich mit bisher Erlebtem zu.[312] Die häufigkeitsmäßige Abhängigkeit des (Nicht-)Auftretens bestimmter Elemente des NTE in Abhängigkeit vom Kulturkreis des Experiencers ist hingegen umstritten.[313]

---

[308] Vgl. Hierzenberger, 1988, 152.

[309] Vgl. Zaleski, 1993, 40.

[310] Vgl. Roberts, 1988, 611-612 sowie Burke, 1994, 23-40 und San Filippo, 1993, 28-41. Eine Gegenüberstellung von indischen und US-amerikanischen NTEs bietet Pasricha, 1986, 165-170; Über die Vorkommnis von Tunnelerlebnissen bei indischen Experiencern gibt es unterschiedliche Studien. Vgl. Blackmore, 1993, 205-217 und Kellehear, 1994, 109-113.

[311] Vgl. Widdison, 1993, 239-246.

[312] Vgl. Lundahl, 1993, 237.

[313] Zur Gegenüberstellung von indischen und US-amerikanischen NTEs Vgl. FN 310. Die Auffindung auch nur einiger Berichte mit aufgetretenem Tunnelerlebnis widerlegt hierbei zu Gunsten Blackmores die These, derartige Komponenten träten in Indien generell nicht auf.

Aufgrund der in zahlreichen Untersuchungen festgestellten Affinität der geschilderten Sachverhalte zum Lebenshintergrund des jeweiligen Experiencers hat sich die Rede von der „Färbung" des Nah-Todeserlebnisses durch persönliche Inhalte eingebürgert. So wurde etwa angenommen, eine sich ontologisch und qualitativ gänzlich anders offenbarende Wirklichkeit könne nicht objektiv mit dem Werkzeug der hiesigen Sprache beschrieben werden; allenfalls seien dadurch Andeutungen möglich, die sich dann aber in der festgestellten Weise unterschieden.[314]

Diese Annahme beinhaltet jedoch einen Relativismus, der abgesehen von der Frage nach dem ontologischen Status der NTEs nicht ohne weiteres erfolgen kann:

Zum einen werden die beschriebenen Erlebnisinhalte auf bloße Symbole und inadäquate Deutungsversuche reduziert, womit ein Großteil der Experiencer nicht einverstanden sein dürfte. Insbesondere jene Personen, die in ihrer Erfahrung religiöse Inhalte erlebt haben, die sie dann im Sinne eines Beweises bzw. einer Bestätigung des eigenen Glaubens verwenden, würden sich allenfalls bereiterklären, die Erlebnisinhalte *anderer* Experiencer zu relativieren. Das sich hieraus ergebende Problem der Wahrheitsfrage findet beim Anspruch der verschiedenen Konfessionen auf Gültigkeit ihres Glaubenssystems sein bekanntes Äquivalent.

Die Idee eines metaphysischen Pluralismus im Sinne der tatsächlichen Gültigkeit aller Erlebnisse je nach ihrer Schilderung wird in der Regel abgelehnt; seine Annahme würde bei einander widersprechenden Berichten zu logischen Inkonsistenzen führen und darüberhinaus einen Großteil der vergleichenden Nah-Todesforschung überflüssig machen. Die Annahme oder Ablehnung dieses Modells stellt gleichwohl eine grundsätzliche Entscheidung dar, die nicht unerwähnt bleiben darf.

Die demnach verbleibenden Interpretationsmöglichkeiten im Rahmen der „Färbungshypothese" beinhalten eine völlige oder teilweise Bestimmung des Erlebnisinhalts durch andere Faktoren als es reale Wahrnehmung ist: Hierzu zählen eigene Erinnerungen und Wünsche ebenso wie die mögliche Einflußnahme fremder Subjekte, die hierzu in der Lage sind, beispielsweise Engel, Dämonen, Geister, Götter bzw. Gott und andere Mächte.[315]

Der Einfluß religiöser Momente erstreckt sich freilich nicht nur auf eigene, aktiv vertretene Überzeugungen[316]; im Falle erklärter Atheisten bzw. Agnostiker, deren Erleb-

---

[314] Vgl. Leighton, 1991, 233-246.
[315] Zur dämonologischen Explikation vgl Kap.II.6.1.
[316] Diese können neben soziokulturellen Inhalten auch Vorstellungen enthalten, die von den jeweiligen Glaubensgrundsätzen nicht gedeckt werden oder diesen entgegenstehen

nisse sich nicht von anderen unterscheiden[317], kann daher ein Einfluß des soziokulturellen Hintergrundes angenommen werden.

Bei der Annahme einer „Färbung" von Erlebnissen kann vergleichsweise problemlos auf vorhandenes Datenmaterial zurückgegriffen und dieses in zahlenmäßige Vergleiche umgesetzt werden. Ordnet man dem NTE dabei einen anderen ontologischen Status zu als etwa einem Traum, der auch oftmals durch persönliche Hintergründe dominiert wird, so ergeben sich eine Reihe von Fragen, die die Grenzen und Eigentümlichkeiten einer „Erlebnisfärbung" sowie deren Grundlagen betreffen.[318] Die empirischen Grundlagen werden von dieser Problematik aber nicht berührt.

3.2. Auf der Suche nach Hinweisen: Wer war Experiencer?

Aufgrund interkultureller Untersuchungen gilt die Annahme, es handle sich bei Nah-Todeserfahrung um ein allgemein-menschliches Phänomen als gesichert.[319] Die Universalität von Nah-Todeserfahrungen beträfe dann aber nicht nicht nur den heutigen Menschen in den verschiedenen Kulturkreisen; vielmehr müßten sich entsprechende Erlebnisse auch in früheren Abschnitten der Menschheitsgeschichte ereignet haben. Neben archäologischen Funden sind insbesondere religiöse Schriften -im weitesten Sinne- bei der Suche nach Hinweisen für NTEs von Interesse:

Zum einen handelt es sich bei solchen Quellen meist um die ältesten Textzeugnisse einer Kultur, nicht selten um die einzigen frühen Schriften überhaupt. Zum anderen ist die Annahme berechtigt, daß ungewöhnliche Ereignisse und Erlebnisse gerade dort eine Spur hinterlassen haben, wenngleich dies von Art und Umständen des Phänomens abhängen dürfte; mit einer dichterische Ausgestaltung und Interpretation im größeren Rahmen muß man zudem rechnen.

Aufgrund der generellen Jenseitsorientiertheit der Nah-Todeserfahrungen und insbesondere wegen der oftmaligen religiösen Elemente muß auch die Möglichkeit in Erwägung gezogen werden, daß gerade jene Personen, die von einem entsprechend gearteten Erlebnis berichteten infolgedessen eine herausragende Stellung in sozialer, politischer oder religiöser Hinsicht zugewiesen bekamen. Das oftmals auftretende Missionsgefühl des Experiencers, das in heutiger Zeit nur selten religiöse Züge trägt, könnte sich in früheren Epochen gleichwohl in diese Richtung geäußert haben; insbesondere dann, wenn das Erlebnis selbst von gesellschaftlicher Seite als göttliches Zeichen interpretiert oder akzeptiert wurde.

---

[317] Vgl. San Filippo, 1993, 26.
[318] Vgl. Kap.III.5. und IV.4.
[319] Vgl. San Filippo, 1993, 25-41 und Elsaesser Valarino, 1995, 16.

Die Suche nach Hinweisen auf paranormale Erlebnisse hat vor allem mit dem Problem der Differenzierung zwischen vermeintlich echten Fundstellen und lediglich ausdeutbaren Quellen zu kämpfen. Schon beim vorgeschichtlichen Menschen ergibt sich diese Schwierigkeit: Die vorgefundenen Schädeltrepanationen etwa können, insbesondere weil sie schon zu Lebzeiten durchgeführt wurden, als Anzeichen dafür gewertet werden, daß die Erfahrung, die Seele verlasse den Körper, ebenfalls schon zu Lebzeiten gemacht wurde; ähnliche Erfahrungen werden auch im tibetischen Buddhismus vom Sterbebett her berichtet. Ebensogut aber könnten die Schädelöffnungen deshalb frühzeitig erfolgt sein, um später dem - vielleicht überraschenden - Tod gut vorbereitet entgegenzutreten. Die Annahme einer immateriellen, dem Körper entweichenden Seele könnte auch durch andere Umstände begründet sein.

Nicht weniger problematisch ist die Deutung schriftlicher Quellen. Zwar läßt sich kaum völlig zweifelsfrei erweisen, daß tatsächlich eine NTE-artige Erfahrung vorgelegen hat; doch auch das Gegenteil läßt sich nicht feststellen: Mit genügend Interpretationsvermögen läßt sich fast jeder Text als möglicher Hinweis auf irgendein Erlebnis umdeuten; hiermit ist allerdings nichts gewonnen. Um nicht jedes Wort und jeden Absatz grundsätzlich in Frage zu stellen empfiehlt sich die Beschränkung auf einige wesentliche Elemente des NTEs: Autoskopische Wahrnehmungen, das Antreffen von Verstorbenen, die Begegnung mit einem „Lichtwesen", die Beobachtung paradiesischer oder höllenartiger Umgebung, starke Persönlichkeitsveränderungen nach einem Erlebnis.

Auch nach dieser Eingrenzung bleiben die in Frage kommenden Fundstellen äußerst zahlreich; die gleichzeitige Erwähnung glaubhafter äußerer Umstände, die zu einer Jenseitserfahrung[320] geführt haben sollen, deuten aber am ehesten auf die Echtheit eines Erlebnisses hin. Hierzu können beispielsweise die Nähe zum Tod, gefährliche Verletzungen, meditative Praktiken oder die Einnahme von Narkotika gezählt werden. Sind solche Bedingungen nicht gegeben - wie etwa im Gilgamesch-Epos oder bei Homers Odysseus - so bleibt nur die Möglichkeit, die verfügbaren Schilderungen einer eingehenden Betrachtung zu unterziehen. Weil aber vermeintliche Schlüsselworte - Licht, Sonne, Helligkeit, Glanz, Strahlen - auch im alltäglichen Bezug oder als Symbol verwendet werden, ist der Bereich der Spekulation schnell erreicht.

Auch Jenseitsreisen und -beschreibungen müssen keineswegs auf ein NTE-artiges Erlebnis hindeuten. Die Ursprünge solcher Schilderungen können vielfältig sein; sie rei-

---

[320] Jenseitserfahrungen sollen hier in einem weiteren Sinn sowohl eigene Reisen in jenseitige Welten als auch das Erfahren jenseitiger Welten im Diesseits umfassen.

chen von gedanklicher Konstruktion über die Ausgestaltung alter Überlieferungen bis hin zur bewußten Erdichtung zum Zweck religiöser Unterweisung.

Nachfolgend werden die im zweiten Unterkapitel dargelegten Fundstellen aus den einzelnen Kulturkreisen und Religionen einer ersten Bewertung unterzogen, bevor dann im darauffolgenden Abschnitt die daraus folgenden Schlüsse gezogen werden.

3.2.1. Vorgeschichte - Naturreligionen

Schon in vorgeschichtlicher Zeit[321] könnten Nah-Todeserfahrungen oder verwandte Erlebnisse aufgetreten sein. Als Ursachen kommen eine Reihe äußerer Einwirkungen in Betracht, die von Kampfverletzungen bis hin zum Nahrungsmangel und der Vergiftung durch Pflanzen reichen. Auch kultische Handlungen, etwa Initiationsrituale oder ekstatische Tänze sind als Auslöser für NTEs denkbar. Ob die Konzeption einer im Kopf sitzenden Seele durch solche Erlebnisse initiiert wurde, oder aber ob dieser Gedanke durch bewußte Eigenreflektionen kreiert wurde, läßt sich im nachhinein nicht mit Bestimmtheit erweisen. Funde von vom Körper abgetrennten Schädeln deuten aber in diese Richtung.

Die vorgefundenen Schädeltrepanationen lassen weiterhin die Vermutung zu, daß ein konkreter Ausstieg der menschlichen Seele aus dem Körper im Schädelbereich angenommen wurde. Daß derartige Öffnungen schon zu Lebzeiten vorgenommen wurden, könnte darauf hinweisen, daß entsprechende Seelenreisen konkret erlebt und berichtet worden sind. Andernfalls wäre auch eine postmortale Schädelöffnung zweckmäßig gewesen, ähnlich wie man auch Grabstätten mit Löchern versehen hat.

Schamanische Schilderungen, die der vorgeschichtlichen animistischen Sichtweise am nächsten stehen, deuten mitunter auf „metaphysische oder parapsychologische Eindrücke"[322] hin; somit auf NTE-artige Erfahrungen.[323] Auch die veränderte Raum- und Zeitwahrnehmung beim Eintritt in eine Höhle weist eine Affinität zu Berichten heutiger Nah-Todeserfahrungen auf; insbesondere erinnert das häufig geschilderte Tunnelerlebnis an die Umstände eines Abstiegs durch einen engen, dunklen Höhleneingang. Möglicherweise waren NTE-artige Erlebnisse für die Auswahl von Höhlen als Ort jenseitsorientierter Malereien ausschlaggebend.

---

[321] Vgl. Kap.II.2.1.

[322] Ozols, 1978, 16. Auch die veränderte Raum- und Zeitwahrnehmung zeigt eine Affinität zu NTE-Berichten.

[323] Wegen der Assoziation von NTEs mit zeitgenössischen Schilderungen wird hier auch von NTE-artigen Erlebnissen gesprochen; dadurch soll die Art und Struktur der möglichen Erfahrung bewußt offen gelassen werden.

Was für den vorgeschichtlichen Menschen gilt, trifft in ähnlicher Weise auf den Angehörigen indigener Religionen[324] zu. Wie in Unterkapitel 2.2. gezeigt wurde, ist in diesem entwicklungsgeschichtlichen Stadium die Annahme einer immateriellen Seele bereits präsent. Die vorherrschenden Jenseitskonzeptionen weisen in manchen Bereichen eine Affinität zu NTE-Berichten auf:

So berichten etwa die Maya von Hürden, die zu passieren seien; ähnliche Zeugnisse finden sich auch in anderen amerikanischen Naturvölkern sowie bei den westafrikanischen Ewe. Bei letzteren deuten die bei sterbenden Personen bezeugten Namensnennungen auf eine Begegnung mit verstorbenen Verwandten hin. Das Wiedersehen mit bereits verschiedenen Angehörigen findet sich auch in der Jenseitsvorstellung der Delaware-Indianer wieder.

Nach manchen Überlieferungen erwarten den Toten paradiesische Landschaften: Während bei den Azteken von einem „Haus der Sonne" die Rede ist, wo bestimmte Tote den Sonnengott schauen und mit ihm sprechen, berichten die Delaware-Indianer in ausführlicher Weise von jenseitigen Regionen. Fauna und Flora bieten sich in ihrer Pracht dar, erhellt von göttlichem Licht; eine sorglose, lustvolle Existenz erfreut den dort Ankommenden. Ähnliche Erwartungen sind von den Maya bekannt. Eine zweigeteilte, je nach den vorhergegangenen Taten des Verstorbenen eingerichtete Welt bildet schließlich die Grundlage für die Jenseitshoffnungen der Inka und der Menomini-Indianer.

Daß es tatsächlich NTE-artige Erlebnisse in indigenen Religionen gab, zeigen zeitgenössische Berichte aus diesem Umfeld[325] ebenso wie etwa die Totenbett-Berichte bei den Ewe. Inwiefern freilich solche Erfahrungen Einfluß auf die jeweiligen Jenseitskonzeptionen hatten, bleibt dahingestellt. Die deutlichsten Anknüpfungspunkte sind das Wiedersehen verstorbener Angehöriger, die paradiesische Landschaftsbeschreibung und das göttliche Licht.

3.2.2. Östliche Religionen, Orient und Antike

In den östlichen Religionen[326] findet man ein gemischtes und uneinheitliches Bild von Jenseitskonzeptionen vor:

Im frühen Hinduismus findet man die Vorstellung, der Tote halte sich noch eine Zeit lang als Geist im Kreis der Verwandten auf; man kann dies auf verbliebenes animistisches Gedankengut zurückführen, doch besteht auch eine phänomenologische Ver-

---

[324] Vgl. Kap.II.2.2.
[325] Vgl. Gómez-Jeria, 1993, 219-222.
[326] Vgl. Kap.II.2.3. Zu östlichen Religionen, zu Orient und Antike Kap.II.2.4.

wandtschaft zum Autoskopieerlebnis. Auch die im Rigveda geschilderten paradiesischen Welten, die nach Überquerung von Gewässern schließlich erreicht werden, erinnern an heutige Erlebnisberichte: Eine licht- und lusterfüllte Welt erwartet den Besucher, der sich nun wieder im Kreis der Ahnen vorfindet.

Ähnliche Beschreibungen finden sich auch später, als vor dem Hintergrund der Reinkarnationslehre der geschilderte Zustand nur mehr eine zwischenzeitliche Existenzform vor dem nächsten Leben einnimmt. Mit dem aufgekommenen Wiedergeburtsgedanken genuin verbunden ist die Vergeltung früherer Taten; im Zuge dieser ethischen Neuorientierung finden sich auch Schilderungen von höllenartigen (Zwischen-)Zuständen die jene zu erwarten haben, deren Handlungen zu Lebzeiten schlecht waren.

Der ursprüngliche Hinayana-Buddhismus fällt durch die sparsame Beschreibung des angestrebten Nirwana-Zustandes auf. Die später entstandene Richtung des „Großen Fahrzeugs" übt hier weniger Zurückhaltung: Die ersehnte Erlösung verbindet sich mit den Vorstellungen einer lichtvollen, paradiesischen Lebenswelt, die in schillernden Farben beschrieben wird.

Abgesehen von Ähnlichkeiten zu heutigen NTE-Schilderungen existieren im Hinduismus wie im Buddhismus Empfehlungen, den Zustand der Erlösung durch körperliche Übungen entweder schon vorab zu üben[327] oder - wie im Hinayana-Buddhismus - konkret einzuleiten. Während im japanischen Zen-Buddhismus Koane[328] benutzt werden, um dem Zustand meditativer Versenkung näher zu kommen, wurden und werden im *kundalini*-Yoga kontemplative und körperliche Übungen gleichzeitig durchgeführt. Die dabei gemachten Erfahrungen ähneln in mancher Hinsicht den Nah-Todeserlebnissen[329], wie die Schilderungen Gopi Krishnas zeigen, der im Jahre 1937 nach langer Übung am Ende folgendes erlebte:

„I was no longer myself, or to be more accurate, no longer as I knew myself to be, a small point of light and in a state of awareness confined in a body, but instead was a vast circle of consciousness in which the body was but a point, bathed in light and in a state of exaltation and happiness impossible to describe."[330]

Auffallende Parallelen[331] zu heutigen Erlebnisberichten finden sich im Tantrayana-Buddhismus, wo der Sterbende im zweiten *bardo* autoskopische Wahrnehmungen

---

[327] Vgl. Bhagavadgita, 1984, 112.
[328] Als Koane werden Aussprüche und Erzählungen alter Zen-Meister bezeichnet. Einen Überblick bietet Shibayama, 1988.
[329] Vgl. *Near-Death Experiences and Kundalini Phenomena*, 1993, 3-4 und 19-20.
[330] Vgl. Kieffer, 1988, 3.
[331] Vgl. Becker, 1993, 129-136 und Ring, 1993, 75-84.

macht, einen perfekten - wenngleich immateriellen - Körper annimmt und sich mit diesem umherbewegt. Daneben macht er eine Reihe auditiver und visueller Beobachtungen, darunter auch „Lichter und Strahlen".[332] Es ist nicht verwunderlich, daß das Tibetische Totenbuch derlei Erscheinungen zu Trugbildern erklärt; andernfalls könnte der vorgezeichnete Erlösungsweg ins Wanken geraten, der ja gerade auf der Loslösung von weltlichen Erscheinungen beruht. Daß aber derlei Wahrnehmungen tatsächlich gemacht wurden, liegt nahe: Aufgrund der üblichen Sterbebegleitung war stets eine Person beim Dahinscheidenden anwesend und konnte neben der Verlesung religiöser Texte auch die Äußerungen seines Gegenüber registrieren bzw. eine Unterhaltung pflegen. Daß Auszüge hieraus später in die tibetischen Lehren selbst eingeflossen sind, kann zumindest als wahrscheinlich angenommen werden.

Schon die alten Ägypter sehnten sich nach einer Welt des Friedens, in die sie nach dem Tod einzugehen hofften; wenn im ägyptischen Totenbuch zudem von einem lichterfüllten Jenseits die Rede ist, so wird man dies zunächst mit der Person des Sonnengottes Ra in Verbindung bringen. Wie Himmelsleitern strecken sich die Pyramiden dem erleuchteten Firmament entgegen. Die Sonne ist es auch, die durch ihre wachstumsfördernden Strahlen und ihr phänomenologisches Gegenstück zur finsteren Nacht als Synonym des Lebens gelten kann.

Gleichwohl könnten bei dieser Symbolik auch NTE-artige Erfahrungen eine Rolle gespielt haben, etwa bei der Erwählung des Ra als oberster Gottheit. Dies gilt auch für den Versuch von Amenophis IV. (1364-1347 v. Chr.), das polytheistische Götterpantheon durch einen Sonnenmonotheismus zu ersetzen. Sein Ansinnen hat deutliche Spuren hinterlassen und die Frage nach einem Motiv aufgeworfen.

Im Zweistromland ist die vorherrschende Jenseitserwartung von Trostlosigkeit gekennzeichnet; ein Leben, welches diesen Namen verdient, kann nach dem Tod nicht erwartet werden. Von diesem Hintergrund heben sich die Erlebnisse, die Gilgamesch bei seiner Reise ins Reich des Todes macht deutlich ab. Die Schilderungen im Epos zeigen in allen Einzelheiten bemerkenswerte Ähnlichkeiten zu heutigen Nah-Todeserfahrungen; Schröter-Kunhardt nimmt daher auch an, dem Gilgamesch-Epos liege ein entsprechendes Erlebnis zugrunde.[333] Daß jenes die zeitgenössische Jenseitskonzeption nicht nachhaltig beeinflußt hat, mag an der Übermacht der traditionellen Vorstellungen gelegen haben; hier besteht eine Parallele zum tibetischen Buddhismus: Auch dort kann man vermuten, daß das Gewicht der religiösen Erlösungslehre die Akzeptanz bzw. Inkorporation der geschilderten Sterbebetterlebnisse verhindert hat.

---

[332] Sagaster, 1978, 182.
[333] Vgl. Schröter-Kunhardt, 1993b, 225.

Im zoroastrisch geprägten Iran ist der Auferstehungsglaube mit der Einkehr in ein Lichtreich verknüpft; am deutlichsten wird dies in der späteren Pehlevi-Literatur. Ein Einfluß der von persischen Priestern selbst hervorgerufenen Jenseitsreisen auf diese Vorstellungen kann durchaus angenommen werden; die Möglichkeit, daß tatsächlich NTE-artige Erfahrungen zustandekamen beruht vor allem auf den geschilderten körperlichen Umständen, die durch Narkotika erreicht wurden.

Das Hervorrufen bestimmter physiologischer Zustände dürfte auch Ziel der Eleusinischen Mysterien bei den Griechen gewesen sein. Vermutlich wurde dabei die bei Homer geschilderte Jenseitsfahrt zum Hades im Demetertempel imitiert; schon die vom Dichter berichtete Irrfahrt des Odysseus weist Elemente auf, die inhaltlich auf NTE-artige Erfahrungen weisen. Die Möglichkeit, daß der Homer'schen Dichtung neben altgriechischen Mythen auch paranormale Erfahrungen zugrunde liegen, wurde im Rahmen der Nah-Todesforschung bereits diskutiert.[334] Inwieweit es sich dann aber um Erlebnisse handelt, die dem Autor selbst widerfahren sind, oder ob es sich womöglich um überlieferte Schilderungen handelt, die Homer literarisch mitverarbeitet hat ist heute nicht mehr feststellbar.

Von besonderen, zugleich aber konkreten körperlichen Umständen handelt die Erzählung Platos vom Soldaten *Er*. Neben der Beschreibung der durchquerten paradiesischen Umgebung wird auch von einem hellen Lichtbündel berichtet, das den Kosmos durchzieht und für die Wiederverkörperung gemäß der platonischen Vorstellung sorgt. Dabei ist eine Affinität zum „Lichtwesen" heutiger Nah-Todeserfahrungen, welches den Jenseitsreisenden wieder zur Rückkehr auffordert, unschwer zu erkennen. Die Art der aufgetretenen physiologischen Umstände weist ebenfalls in die Richtung einer NTE-artigen Erlebnisgrundlage[335]; hingegen erscheint es als weniger wahrscheinlich, daß Plato die Geschichte des *Er* nur zu Lehrzwecken erzählt und dabei zufällig „geeignete" physiologische Rahmenbedingungen mit einem Jenseitserlebnis verbunden hat.

Die römischen Jenseitsvorstellungen lehnen sich stark an ihre griechischen Originale an; es ist von daher nicht verwunderlich, dort auch ähnliche, wenngleich modifizierte Paradiesbeschreibungen vorzufinden. Die dort geschilderte, lichterfüllte Welt findet eine weitere Entsprechung in der älteren Edda der Germanen. Dort wird diese Jenseitsvorstellung mit dem Anbruch eines goldenen Zeitalters am Ende der Geschichte verknüpft.

---

[334] Einen konkreten Zusammenhang vermutet Greene (1996, 225-250).
[335] Der von Murphet (1991, 54) vermutete Zustand des klinischen Todes wird aber wohl kaum gegeben gewesen sein.

3.2.3. Judentum - Christentum - Islam

Die Religionen der geschichtlichen Gottesoffenbarung[336] weisen eine Gemeinsamkeit auf, die ihren jeweiligen Begründer bzw. Hauptverkünder betrifft: Erlebnisse bzw. Begebenheiten, die auch in den heiligen Schriften als göttliche Zeichen erwähnt sind. Der Umstand, daß es sich bei den betroffenen Personen um Glaubensmittler und - verkünder handelt, die als charismatisch und/oder missionarisch in ihrem Auftreten geschildert werden, hat Assoziationen zu Nah-Todeserfahrungen geweckt: Dort gelten die als *aftereffects* bekannten Persönlichkeitsveränderungen als integraler Bestandteil des Erlebnisses[337]; nicht selten glauben die Experiencer, noch eine Aufgabe im Diesseits verrichten zu müssen und deshalb zurückgesandt worden zu sein.[338]

Schon die Begegnung des Mose am Berg Horeb hat entsprechende Vergleiche hervorgerufen.[339] Der brennende, besser: hell leuchtende Dornbusch offenbart sich ihm als Erscheinung Gottes, wie sich auch aus dem dann einsetzenden Dialog ergibt, der in die Berufung des Mose mündet.[340]

Die jüdische Vorstellung vom Leben nach dem Tod, die anfangs nur ein Schattenreich beinhaltete, wandelte sich mit der Zeit.[341] Während in frühen Quellen die Überwindung des Todes das kollektive Überleben des Volkes Israel bedeutete[342], hat sich später die Auffassung durchgesetzt, daß auch ein individuelles Heil erwartet werden könne. Die Schilderungen in kanonischen wie apokryphen Schriften beschreiben eine friedliche und lichtvolle Welt; bei Jeseja ist zudem von der Erkenntnis Gottes die Rede, die das Land durchdringt.[343] Die Frage ob diesen Schilderungen NTE-artige Erlebnisse zugrundeliegen, bleibt allerdings offen; allenfalls die apokryphe „Himmelfahrt des Jesaja" läßt sich hiermit konkret in Verbindung bringen.

Inhaltliche Verwandtschaft zu einer Nah-Todeserfahrung zeigt die Verklärung Jesu auf einem Berg, wie sie von den drei Synoptikern berichtet wird. Durch diese Begebenheit wird der Sendungsauftrag Jesu bestätigt; insbesondere wird durch das Auftreten von Personen aus dem Alten Testament eine legitimierende Verbindung zu diesem herge-

---

[336] So faßt v.Glasenapp Judentum, Christentum und Islam zusammen. Vgl. hierzu Kap.II.2.5-7.
[337] Vgl. Kap.II.1.7. und die Darstellung in Morse/Perry, 1994.
[338] Vgl. Ring, 1984, 208.
[339] Vgl. Steinmetz, 1993, 199-203.
[340] 2Mo 3,5-4,17. Für die nachfolgende Diskussion ist dabei unerheblich, welche historische Person mit dem Namen Mose bezeichnet wird.
[341] Hierzu haben auch veränderte politische Rahmenbedingungen beigetragen. Vgl. Plöger, 1978, 82-85.
[342] So etwa in Hes. 37. Vgl. auch Plöger, 1978, 81-83.
[343] Jes 11.9.

stellt. Die Schilderung im Neuen Testament geht aber nicht von einem persönlichen Erlebnis Jesu, sondern von einem durch Dritte beobachteten Ereignis aus.

Es ist aber durchaus denkbar, daß zunächst eine persönliche Erfahrung Jesu vorgelegen hat, die erst in der schriftlichen Fassung der Überlieferung nachträglich verobjektiviert wurde. Sowohl das spätere Hinzufügen von Zeugen als auch die Nennung von biblischen Gestalten - Mose und Elia - eigneten sich zum Mittel zweifacher Beglaubigung, einerseits des Erlebnisses selbst, andererseits der biblischen Legitimation Jesu.

Die Grundlage der geschilderten Szene stellt sich unter diesen Umständen als persönliches Erlebnis Jesu dar. Versucht man nun, das im Neuen Testament beschriebene äußere Erscheinungsbild des Ereignisses - das Leuchten Jesu und die Erscheinung von Mose und Elia - in Eigenbeschreibungen eines inneren Erlebnis zu übersetzen, so ergeben sich interessante Verwandtschaften zu Nah-Todeserfahrungen. Das Neue Testament schweigt zu weiteren Einzelheiten der Begebenheit; lediglich die zur Legitimation Jesu notwendigen Hinweise sind zu erfahren. Man kann aber annehmen, daß Jesus von seinem Erlebnis berichtet hat, und dabei von einer lichterfüllten Erscheinung gesprochen hat. Daneben könnte er tatsächlich vom Antreffen der alttestamentlichen Gestalten erzählt haben, und hierdurch seinen Sendungsauftrag gesehen haben. Denkbar ist aber auch, daß Jesus ursprünglich von der Begegnung mit verstorbenen Verwandten berichtet hat.

In der späteren schriftlichen Abfassung dieses Erlebnisses könnten die angetroffenen Personen dann zu biblischen Gestalten umgedeutet worden sein. Die vermutlich wahrgenommene Lichterscheinung ist schließlich verobjektiviert und auf Jesus selbst projeziert worden. Geblieben ist nur das Sendungsbewußtsein, das aus dieser Erfahrung hervorgegangen ist. Das als Verklärung Jesu geschilderte Ereignis stellt sich somit bei eingehender Betrachtung als NTE-artige Erfahrung dar, in der das ursprüngliche Berufungserlebnis Jesu enthalten sein dürfte.

Gegenüber diesem Ereignis tritt die Taufe Jesu[344] von der Bedeutung her in den Hintergrund; obgleich der Vorgang selbst vermutlich historische Authenzität beanspruchen kann, so wird man die geschilderten Umstände wohl als Versuch betrachten müssen, die Legitimation Jesu durch äußere Erscheinungen glaubhaft zu machen. Deshalb ist das Taufereignis wohl auch an den Anfang der Evangelien gestellt worden.

Weniger Interpretation ist bei Paulus, dem eifrigsten Verkünder des christlichen Glaubens nötig. Schon in seiner ersten Publikation zog Moody Parallelen zwischen Nah-

---

[344] Vgl. Mt 3.13-17, Mk 1.9-13, Lk 3.21-22, Joh 1.29-34.

Todeserfahrungen und der Wandlung des Saulus.[345] Neben den Auffälligkeiten der Erscheinung selbst sticht vor allem die offensichtliche Persönlichkeitsveränderung des späteren Völkerapostels ins Auge. Auch hier scheint es später Versuche der Verobjektivierung mittels Einschaltung von Augen- bzw. Ohrenzeugen zu geben; dabei muß wohl eine Verwechslung erfolgt sein. Weniger augenscheinlich sind die Andeutungen einer zurückliegenden Jenseitsreise, die Paulus später im zweiten Korintherbrief macht. Von kirchlicher Seite wurden spätere Berichte über angeblich jenes Erlebnis jedoch zurückgewiesen.[346]

Der Mangel an autorisierten Jenseitsschilderungen wird schließlich in der Offenbarung des Johannes wieder ausgeglichen: Mit Beschreibung der neu gewordenen Welt und der Gegenwart Gottes in der lichterfüllten Umgebung des himmlischen Jerusalem schließt das Neue Testament. Sucht man in den Umständen der Offenbarung nach ihrem Ursprung, so findet man Ähnlichkeiten zu Paulus' Wandlungserfahrung: Beide fallen zu Boden und werden von hellem Licht umstrahlt.

Auch in apokryphen Schriften und in mittelalterlichen Berichten von Jenseitsfahrten taucht das Bild eines lichterfüllten Paradieses auf; mit letzteren erfolgt schließlich eine Wende was die „Experiencer" angeht: Statt religiöser Figuren rücken nun ganz gewöhnliche Menschen in den Mittelpunkt des Interesses. Auch wenn die Verwendung deren Erlebnisse im Rahmen der Glaubenslehre erfolgt, so ist doch kaum zu bezweifeln, daß jene tatsächlich berichtet wurden.[347]

Im Islam sind schon die Anfänge der Religion von wundersamen Ereignissen begleitet. Die Berufung des Propheten Mohammed kündigt sich an einem Ort der Meditation an; dennoch ist seine Erwählung nicht ganz freiwillig: Mit mehr oder minder sanfter Gewalt wird er zu seinem Auftrag bewegt, erst allmählich scheint er das Erlebte in dem Sinn zu akzeptieren und zu interpretieren, wie es von ihm gefordert wird.

Diese Umstände sprechen dafür, daß die Erfahrungen Mohammeds nachdrücklich und nicht etwa nur flüchtig waren. Auch ist es fraglich, inwiefern die mit den erhaltenen Eingebungen verbundenen Umstände freiwilliger Natur waren; hierzu schreibt v. Glasenapp:

„Bei diesen Inspirationen unterlag er bestimmten körperlichen Zuständen. Er sank wie von einer Zentnerlast zu Boden geworfen auf die Erde nieder, ein Zittern befiel seine Glieder, Schweiß bedeckte seine Stirn, Schaum trat vor seinen Mund, und er glaubte

---

[345] Vgl. Moody, 1989a, 118-121.
[346] Vgl. Zaleski, 1993, 43.
[347] a.a.O., 46-69.

ein Brummen oder ein anderes Geräusch zu hören. Während diese eigenartigen psychischen Erscheinungen ursprünglich ohne sein Zutun auftraten, scheint er in späterer Zeit in der Lage gewesen zu sein, sie willkürlich, wenn auch unterbewußt herbeiführen zu können."[348]

Aufgrund dieser Beschreibung scheint es durchaus angebracht, die physiologischen Umstände Mohammeds mit denen heutiger Experiencer zu vergleichen. Eine weitere Parallele ergibt sich zu den äußeren Umständen, die sowohl bei der Wandlung des Saulus zum Paulus als auch zu Beginn der Offenbarung des Johannes auftreten: Wie bei Mohammed ist auch im Neuen Testament die Rede davon, daß die in das jeweilige Ereignis involvierten Personen zu Boden fallen.

Neben den Jenseitsschilderungen, die sich im Koran finden, ist auch die Nachtfahrt nach Jerusalem, wie sie in der 17. Sure beschrieben wird, thematisch interessant. Die lebhaftesten Schilderungen befinden sich allerdings außerhalb der kanonischen Quelle. Im Hinblick auf mystische und paranormale Erlebnisse bedeutsamer scheint aber die Beschreibung Gottes in der 24. Sure zu sein. Die mehrfache Assoziation Allahs mit Licht könnte darauf hindeuten, daß unter den physiologischen Umständen, die Mohammed zeit seines Lebens hatte, auch einer war, der ein NTE bzw. ein ihm ähnliches Erlebnis ausgelöst hat, für das die Begegnung mit einem „Lichtwesen" meist charakteristisch ist.

3.3. Das Verbindungsstück der Religionen - einst und morgen?

Trotz bestehender Schwierigkeiten deuten die aufgeführten Stellen darauf hin, daß es auch in früheren Kulturen und religiösen Umfeldern Nah-Todeserfahrungen und ähnliche Erlebnisse gab. Wie schon betont, ist diese Feststellung nicht von der ontologischen Beurteilung der jeweiligen Phänomene abhängig.

Als Träger von mystischen Erlebnissen, Gottes- und Jenseitserfahrungen und nicht zuletzt eines ausgeprägten Sendungsbewußtseins haben NTE-artige Phänomene einen erheblichen Einfluß auf die Entwicklung und Ausprägung der verschiedenen Religionen ausgeübt.[349] Aufgrund des vorliegenden Materials scheint die Annahme berechtigt, daß dieser Einfluß in allen Kulturkreisen und Religionen gleichermaßen, wenn auch in unterschiedlicher Weise[350], auftritt. Treten die genannten Erlebnisse in entsprechend kurzen Abständen auf und zeigen dabei Spuren in der religiösen Vorstellungswelt, so

---

[348] Vgl. v.Glasenapp, 1989, 304.
[349] Vgl. Schröter-Kunhardt, 1990, 1021 und 1993a, 68.
[350] Die Ähnlichkeit etwa der Schilderungen im Gilgamesch-Epos mit heutigen Erlebnisberichten läßt aber vermuten, daß die Struktur der betreffenden Erfahrungen grundsätzlich gleich bleibt.

kann man bei dieser - wechselseitigen - Beeinflussung auch von einer Interaktion zwischen paranormalen Erfahrungen und religiöser Entwicklung sprechen.

Nah-Todesphänomene haben sich, wie im nächsten Abschnitt gezeigt wird, als Motor der Religionen erwiesen. Wegen ihres universalen Vorkommens stellen sie deren gemeinsame Basis dar. Ordnet man den NTEs eine reale Erlebnisgrundlage zu, so können sie als tatsächliches Verbindungsstück zu transzendenten Wirklichkeiten gelten, eine Grundlage, die dann alle religiösen Anschauungen für sich beanspruchen könnten. Bei dieser Einschätzung relativiert sich das Legitimitätsproblem der verschiedenen Glaubensysteme zugunsten eines allgemeinen Zugangs; als Konsequenz bedeutet dies aber auch einen Verzicht auf einen absoluten Wahrheitsanspruch bzw. ein Wahrheitsmonopol. Über die Auswirkungen von Nah-Todeserfahrungen auf heutige religiöse Vorstellungen und einen möglichen Einfluß auf künftige theologische Interpretationen kann nur spekuliert werden. Bisherige Untersuchen zeigen aber, daß die religiösen Überzeugungen bei Experiencern sich zugunsten einer allgemeinen Bejahung von Religionen relativieren, von einigen Ausnahmen abgesehen.[351]

4. Nah-Todeserlebnisse als Motor religiöser Entwicklung

Der Einfluß von Nah-Todesphänomenen hat sich in verschiedenen Kulturkreisen jeweils unterschiedlich auf die religionsgeschichtliche Entwicklung ausgewirkt. Ungeachtet der bestehenden Abgrenzungsprobleme kann der Grad der Auswirkung NTE-artiger Erlebnisse grob in drei Kategorien unterteilt werden, denen bestimmte Typen von Religionen zugeordnet werden können. Dabei zeigen sich innerhalb dieser Klassifikation wiederum unterschiedliche Ausprägungen, die auf eine Entwicklung des NTE-Einflusses schließen lassen. Die bestehende Problematik, unterschiedliche religiöse Systeme, die selbst entwicklungsgeschichtliche Wandlungen aufweisen, in einer Gruppe zusammenzufassen, soll hier nicht verschwiegen werden. Eine weitere Diversifizierung würde sich aber in einem Mangel an Anschaulichkeit niederschlagen; auch würde die Einordnung des mitunter relativ dürftigen Materials in weitere Typklassen zu Interpretationen verleiten, die eher auf Spekulation denn auf Sachlichkeit beruhen würden.

4.1. Religionen der originären Naturverbundenheit

Originäre Naturverbundenheit zeichnet sowohl die vorgeschichtlichen als auch indigene Religionen aus; sie sind durch panpsychistische bzw. animistische Sicht der Welt gekennzeichnet, ein Charakteristikum, das auch in späteren Zeiten noch spürbar ist: Bei den Griechen etwa werden körperliche und psychisch-intellektuelle Eigenschaften

---

[351] Vgl. Ring, 1980, 3-5 und 1984, 139-157.

mit den selben Begriffen bezeichnet.[352] Auch was die Funktion von Mythen als Grundlage religiöser Anschauungen anbetrifft, weisen genuin naturverbundene Religionen Gemeinsamkeiten mit altorientalischen, antiken und östlichen Glaubenssystemen auf. Daher wurden jene gleichermaßen als Religionen mit mythischer Weltsicht zusammengefaßt.[353] Wenngleich diese, auf phänomenologischen Kriterien beruhende Einteilung ihre Gültigkeit beibehält, so sind genuin naturverbundene Religionen insofern gesondert zu betrachten, als es ihre Beziehung zu NTE-artigen Erlebnissen erfordert.

Die Wahrnehmung des frühen Menschen ist von animistischer bzw. panpsychistischer Sichtweise gekennzeichnet.[354] Entwicklungsgeschichtlich findet in dieser Phase die allmähliche Auftrennung des Erlebens in subjektive, innere Erfahrungen und objektive, die Außenwelt betreffende Wahrnehmungen statt. In diesem Zeitraum dürfte auch die Konzeption einer aus dem Körper entweichenden Seele erfolgt sein; die genauere Vorstellung von dieser seelischen Substanz sind allerdings unterschiedlich.[355] Der Einfluß NTE-artiger Erlebnisse läßt sich bei den originär naturverbundenen Religionen vor allem hinsichtlich der Seelenkonzeption vermuten: Hierzu würden bereits autoskopische Erfahrungen genügen; gerade jene aber ereignen sich auch unter Umständen, die keine physiologische Notlage darstellen, so etwa bei Streß- und Angstzuständen.[356] OBEs können schon von daher grundsätzlich überlebt werden, ohne einen medizinischen Eingriff vorauszusetzen, was bei der Mehrzahl der zeitgenössischen NTEs nicht der Fall ist. Dagegen enthalten Autoskopieerlebnisse in der Regel keine anderen Elemente der Nah-Todeserfahrungen.

In dieser ersten Phase der Einwirkung paranormaler Erfahrungen dürfte die Vorstellung vom unsichtbaren Verweilen der Verstorbenen unter den Lebenden oder deren Eingehen ins Schattendasein eines Totenreichs entstanden sein.[357] Entsprechende Schilderungen finden sich bei den Maya, den Inkas und den Batak; Überbleibsel dieser Konzeptionen finden sich im frühen Hinduismus, wo der Verschiedene vor dem Eingang in die - allerdings lichtvolle - Welt der Ahnen ein Jahr im *preta*-Status im Diesseits verweilt. Auch in anderen Völkern finden sich solche Vorstellungen.[358] Die Mapuche wie auch die Ewe nehmen an, nach dem Tod zu ihren Angehörigen hinzuzusto-

---

[352] Vgl. Kutschera, 1991, 146-154.
[353] a.a.O., 140-168.
[354] Vgl. Kutschera, 1991, 142-145.
[355] Vgl. Glasenapp, 1960, 21-27.
[356] Vgl. Abanes, 1996, 87-97.
[357] Vgl. Glasenapp, 1960, 85.
[358] a.a.O., 85.

ßen. Generell ist in dieser Entwicklungsphase ein ausgeprägter Ahnenkult festzustellen.[359]

Während manche indigene Religionen nicht über ein Schattendasein im Totenreich hinausgehen[360] und andere nur für besonders qualifizierte Verstorbene ein paradiesisches Jenseits annehmen - etwa bei den Azteken oder den Batak, gibt es auch Vorstellungen, die allen Menschen gleichermaßen ein Leben nach dem Tod zuweisen. Meist handelt es sich dabei aber um Völker, die schon den Rang einer Hochreligion erreicht haben oder Kontakt mit fremden Kulturen hatten, so etwa die Maya, die Inka oder die Delaware-Indianer. Ist dieser Entwicklungsstand erreicht, so ragt die betreffende Religion schon ein Stück weit in die nächste Kategorie hinein.

Im Umfeld vorgeschichtlicher und indigener Religionen können auch NTEs mit ihren „typischen" Inhalten vermutet werden; schamanische Berichte und Schilderungen aus solchen Kulturkreisen sprechen für diese Annahme. Gleichwohl dürften diese Erfahrungen im Vergleich zu autoskopischen Erlebnissen in der Minderzahl geblieben sein. Da man einerseits vermuten darf, daß dabei einst von Jenseitsreisen und vorgefundenen paradiesischen Landschaften berichtet wurde, andererseits aber der Niederschlag in der religiösen Überlieferung eher gering ist, läßt sich daraus ein nur mäßiger Einfluß der NTE-typischen Erfahrungen ableiten.

Zusammenfassend lassen sich die Auswirkungen paranormaler Erlebnisse auf die Unterstützung der vermutlich schon durch bewußte Reflexion im Entstehen begriffenen Seelenkonzeption beschränken. Weil die Wahrnehmung der originär naturverbundenen Kulturen vor allem durch die Erscheinungswelt und die Notwendigkeiten des Alltags gezeichnet und vereinnahmt wurde, haben mögliche Jenseitsberichte keine übermäßige Bedeutung erlangt.

4.2. Religionen der mythischen Weltsicht

Religionen, die die indigene Entwicklungsstufe bereits überschritten haben, weisen hinsichtlich des Einflusses NTE-artiger Erlebnisse gewisse Ähnlichkeiten auf. Für diese Gemeinschaften gilt, daß sie ihre religiösen Vorstellungen durch mythische Überlieferungen ausdrücken, die dann auch schriftlich niedergelegt werden. Der Gedanke an eine wie auch immer geartete Seele ist ebenso vorhanden wie ein Katalog ethischer Normen.

---

[359] a.a.O., 104-105, 138.
[360] So nehmen die Guaimi eine Weiterexistenz im Totenreich an; doch selbst diese ist befristet. Vgl. Loerzer/Berger, 1990, 83-84.

In diese Kategorie fallen all jene Kulturkreise, deren Textzeugnisse im zweiten Unterkapitel als Religionen des Alten Orient, der Antike und des Ostens aufgelistet sind. Die entwicklungsgeschichtlichen Anfänge dieser Religionen zählen freilich nicht hierzu. NTE-artige Erlebnisse werden nunmehr im Zusammenhang mit körperlichen Umständen berichtet. Dies trifft auf die Totenbett-Erfahrungen im tibetischen Buddhismus ebenso zu wie für den Soldaten *Er*, der bei Plato aufgeführt wird; bei den meisten Textstellen liegen die Ursachen allerdings im Dunklen.

Paranormale Erfahrungen sind aber bei den Religionen der mythischen Weltsicht nicht mehr auf unfreiwillige Erlebnisse beschränkt. Vielmehr versucht man aktiv, einen Bewußtseinszustand zu erreichen, der sich qualitativ wesentlich von der Welt des Alltags abhebt. In dieser Zielsetzung gleichen sich die meditativen Praktiken der östlichen Religionen und die - durch Narkotika oder Mysterienkulte - induzierten Jenseitsreisen Griechenlands und des Irans, wenn auch die Inhalte selbst unterschiedlich geschildert werden.

Bei den meisten Jenseitsbeschreibungen ist jedoch nicht feststellbar, wie sie zustandegekommen sind und ob dabei überhaupt NTE-artige Erlebnisse zugrunde lagen. Nichtsdestoweniger gleichen sich die Schilderungen in mancher Hinsicht: Mit Ausnahme der Sumerer herrscht in allen Religionen des Orients und der Antike die Erwartung einer lichtvollen oder friedlichen Welt vor, in die der Tote schließlich einziehen wird. Auch das „Glücksland" des Mahayana-Buddhismus wird in schillernden Farben beschrieben. Lediglich die Hinayana-Tradition weist solche Schilderungen zurück; sie gleicht in dieser Haltung dem tibetischen Buddhismus, wo die Wahrnehmung von Außerkörperlichkeit sowie anderer Eindrücke als Trugbild gilt. In beiden Fällen scheint das religiöse Lehrgebäude die Akzeptanz NTE-artiger Erlebnisse zu verhindern; daraus kann aber nicht auf deren Fehlen in diesem Umfeld geschlossen werden. Der glückliche Umstand, daß tibetische Buddhisten von solchen „Trugbildern" am Totenbett berichten, legt vielmehr das Gegenteil nahe.

Erdrückt von den vorherrschenden trostlosen Jenseitskonzeptionen wurde offenbar auch die Erfahrung des Gilgamesch, die in vielerlei Hinsicht den zeitgenössischen Nah-Todeserlebnissen gleicht. Während die Sumerer nach ihren Vorstellungen vom Totenreich eigentlich dem Typus der originär naturverbundenen Religionen zugeordnet werden müßten, sind sie ihrer kulturellen Entwicklung nach schon der hiesigen Klasse zugeordnet. Möglicherweise handelt es sich bei den Schilderungen im Gilgamesch-Epos um den ersten Ausläufer einer Entwicklung hin zu einem veränderten Jenseitskonzept, die dann aber durch politische Ereignisse - das Eindringen der Hethiter - gestört wurde.

Insgesamt zeichnen sich die Religionen der mythischen Weltsicht durch einen wesentlich gestiegenen Einfluß paranormaler Erfahrungen aus. Erlebnisberichte, die nun auch im Zusammenhang mit physiologischen Umstanden geschildert werden, finden Eingang in schriftliche Quellen und wirken sich zumindest unterstützend auf die Konzeption des Jenseits als einer lichtvollen, paradiesischen Gegend aus. Die Konvergenz dieser Vorstellungen läßt einen starken Einfluß vermuten, insbesondere, weil nunmehr auch aktiv nach entsprechenden Erfahrungen gesucht wird; der Einfluß religiöser Lehren verdrängt aber mancherorts die Akzeptanz NTE-artiger Erlebnisse.

4.3. Religionen der göttlichen Sendung

Die Religionen der göttlichen Sendung zeichnen sich durch ein Berufungserlebnis aus, das den Religionsstifter zu seinem Auftrag geführt hat. Im Christentum ist zusätzlich der Apostel Paulus betroffen, der sich, ohne Jesus je persönlich gekannt zu haben, gleichwohl der Mission widmet und dabei auf seine Wandlungserfahrung als Auslöser verweist.

In allen vier Fällen weisen die schriftlichen Quellen auf ein NTE-artiges Erlebnis hin. Da derartige Erfahrungen in der Regel von Persönlichkeitsveränderungen begleitet werden, die sich mitunter in der Überzeugung äußern, eine Aufgabe erledigen zu müssen, liegt die Vermutung nahe, ein Nah-Todeserlebnis als Grund für das Sendungsbewußtsein von Mose, Jesus, Paulus und Mohammed anzunehmen.

Wie schon im ersten Unterkapitel gezeigt wurde, haben der religiöse Hintergrund wie auch andere persönliche Belange einen mitunter erheblichen Einfluß auf die Interpretation eines paranormalen Ereignisses. Nimmt man an, daß sich die Interessen und Sorgen der biblischen bzw. koranischen Experiencer schon um religiöse und politische Fragen in einem weiteren Sinn gedreht haben, bevor sie ihr Erlebnis hatten, so kann man nicht nur einen entsprechenden Einfluß auf jene Erfahrung erwarten, sondern auch, daß sich die Persönlichkeitsveränderung und ein möglicher Sendungsgedanke in diese Richtung noch verstärkt haben.

Anhaltspunkte für diese Annahme sind unschwer zu erkennen: Schon bei Mose kann angenommen werden, daß ihm die Probleme seines unterdrückten Volks stark geprägt haben. Das Alte Testament berichtet, daß er einen Ägypter, der einen seiner Landsmänner geschlagen hatte, tötete und daraufhin vor dem Zorn des Pharaos flüchtete.[361] Daran anschließend wird von Mose´ Berufung erzählt.

---

[361] 2Mo 2.11-25.

Bei Jesus kann ebenfalls davon ausgegangen werden, daß ihm die Lage in den von Rom besetzten Gebiete Palästinas zu Herzen gegangen ist. Sein Interesse an einer Veränderung der religiösen Situation wird durch die Teilnahme an der Taufaktion des Johannes des Täufers hinreichend deutlich. Wie die Synoptiker berichten, zieht er danach in die Wüste, um zu fasten.[362] Er tut es dabei Johannes gleich, der sich ebenfalls in dieser Gegend aufzuhalten pflegte.[363] Möglicherweise hat sich Jesu NTE-artige Erfahrung während dieser Zeit des Fastens ereignet - wo das Neue Testament von der Versuchung durch den Satan berichtet, hat womöglich das originäre Berufungserlebnis stattgefunden, wie es später in der „Verklärung Jesu" verobjektiviert wurde; die Synoptiker berichten jedenfalls, daß sich Jesus im Anschluß an das Fasten in der Wüste zur Predigt nach Galiläa aufgemacht hat.[364]

Von Paulus steht geschrieben, daß er sich vor seiner Wandlung aktiv an der Verfolgung der Christen beteiligt hat[365], so soll er sich unter anderem an der Steinigung des Stephanus beteiligt haben.[366] Es kann daher angenommen werden, daß Saulus für dieses Engagement einige Leidenschaft aufbrachte; möglicherweise hat er aber auch über die Richtigkeit seiner Handlungen nachgedacht und ist in Gewissenszweifel geraten.

Da Nah-Todeserfahrungen auch durch psychische Krisensituationen hervorgerufen werden können[367], die keine körperliche Grundlage aufweisen, ist es denkbar daß die Wandlung des Saulus unter diesen Vorzeichen erfolgt ist. Gleichzeitig würde damit auch plausibel, weshalb sich das Engagement des Christenverfolgers in sein Gegenteil umschlug.

Mohammeds religiöses Umfeld war polytheistisch geprägt.[368] Er wurde von seinem Oheim, Abu Talib, großgezogen, der sich dem Handel widmete und war danach Kameltreiber bei der Kaufmannswitwe Chadidscha, welche er später heiratete. Auf diesem Weg hat Mohammed wahrscheinlich von den monotheistischen Religionen des Alten und Neuen Testaments gehört und sich für diese interessiert.[369] Dieser Umstand und die später auch im Koran offen zutage tretende Ablehnung des Polytheismus[370] haben ihn wohl schon frühzeitig geprägt; hinzu kommt die Tatsache, daß Mohammed

---

[362] Vgl. Mt 4.1-11, Mk 1.12-13, Lk 4.1-13.
[363] Vgl. Mk 1.3-7.
[364] Vgl. Mt 4.12-17, Mk 1.14-15, Lk 4.14-15.
[365] Vgl. Apg 9.1-3 und 8.1-3.
[366] Vgl. Apg 7.54-60.
[367] Vgl. Abanes, 1996, 89-97.
[368] Vgl. Schimmel, 1991, 12.
[369] Vgl. v.Glasenapp, 1989, 308-309.
[370] z.B Sure 4,116-117.

als Waise aufwuchs und womöglich nach Orientierungspunkten in religiösen Dingen suchte.

Die Begründer der drei monotheistischen Weltreligionen haben sich zum Zeitpunkt ihrer Berufungserfahrung an Orten aufgehalten, die auch der Meditation und der religiösen Übung dienen:

Mohammed hat sich in eine Höhle zur Meditation begeben, von Jesus wird berichtet, er sei zum Fasten in die Wüste gezogen - seine „Verklärung" findet auf einem Berg statt. Mose schließlich hat sich ebenfalls in der Wüste aufgehalten: Sein Erlebnis hat sich auf dem „Berg Gottes"[371] ereignet, einem Ort, den Mose vielleicht zu kontemplativen Zwecken aufgesucht hatte. Wenn das Alte Testament an dieser Stelle davon dennoch nichts berichtet, so wohl deshalb, um die einseitig gerichtete Berufung zu betonen: Nicht Mose war es, der sich um göttliche Legitimation für seine Führerschaft bemüht hat; es war Jahwe, der sich ohne dessen Zutun als Gott der Israeliten zu erkennen gab und Mose seinen Heilsplan offenbarte.

Aus den vorliegenden Informationen kann bei allen vier untersuchten Religionsstiftern und -verkündern davon ausgegangen werden, daß sich jene schon seit längerer Zeit intensiv mit religiösen Fragen beschäftigt haben und mit der gegenwärtigen Lage unzufrieden waren bzw. nicht zurecht kamen. Im Zusammenspiel mit dem NTE-bedingten Sendungsgedanken hat sich der persönliche Hintergrund im Rahmen des jeweiligen Berufungserlebnisses in synergetischer Weise zu einem ausgeprägten Sendungsbewußtsein verstärkt, der schließlich im historisch gewordenen religiösen Engagement zu Tage getreten ist.

Im Vergleich zu diesem bestimmenden Einfluß NTE-artiger Erfahrungen treten andere Aspekte paranormaler Erfahrungen in den Hintergrund. Insbesondere hat im Alten Testament die Verheißung des kollektiven Überlebens der Israeliten die Frage nach dem individuellen Schicksal nach dem Tod zurückgedrängt. Die Scheol-Konzeption trägt noch die Züge der originär naturverbundenen Religionen, aber schon im Buch Daniel kündigt sich eine lichtvollere Zukunft an; diese wird in den apokryphen Schriften noch deutlicher gezeichnet und finden ihre Ergänzung durch Jesajas Vision des Gottesreichs.

Im Neuen Testament ist in der Offenbarung des Johannes von einer lichtvollen Zukunft die Rede, die sich im himmlischen Jerusalem darbietet. Die Umstände, unter denen dieser Einblick gewährt wurde tragen dabei zusätzlich Züge einer NTE-artigen Erfahrung.

---

[371] So bezeichnet das Alte Testament den Berg Horeb in 2Mo 3.1.

Im Koran schließlich bestätigt sich, daß in allen drei Religionen der göttlichen Sendung die Vorstellung eines Paradieses vorherrscht, das in irgendeiner Weise von Helligkeit oder Licht gekennzeichnet ist. Am deutlichsten wird dies in der 24. Sure, in der Allah mit Licht assoziiert wird; hier drängt sich ein Vergleich mit dem „Lichtwesen" zeitgenössischer NTEs auf. Auch die erwähnte volkstümliche Beschreibung gibt ein lichtvolles Bild des jenseitigen Paradieses.

Während im Judentum und Christentum körperliche Übungen grundsätzlich nicht zur Kontemplation gebraucht werden, ist dies später in den islamischen Sufi-Orden anders. Ähnlich aber wie die mittelalterlichen Jenseitsreisen zählen diese Ausprägungen nicht mehr zum Kernbereich der Religionen der göttlichen Sendungen. Noch zur Entstehungsgeschichte gehören hingegen die bei der Koraneingebung charakteristischen Körperumstände Mohammeds, die am Ende wohl gezielt herbeigerufen werden konnten. Der Versuch, durch körperliche Übungen Zugang zur Transzendenz zu erhalten, hat so im Islam in originärer Weise seine Renaissance erlebt.

4.4. Paranormale Erfahrungen und die Entwicklung der Religionen

Die Einordnung der Religionen nach dem jeweiligen Einfluß NTE-artiger Erlebnisse deutet auf den ersten Blick auf einen generellen Entwicklungsverlauf religiöser Systeme hin, der von originärer Naturverbundenheit ausgeht und schließlich in der göttlichen Sendung ihren Abschluß findet. Parallel zu diesem Verlauf ist eine Entwicklung von animistischen und polytheistischen Vorstellungen hin zum Monotheismus festzustellen.

Es ist oft diskutiert worden, ob es in der Entstehung und Entwicklung der Religionen einen begründeten Verlauf gibt; mit Verweis auf historische Abläufe ist meist eine Tendenz zum Eingottglauben angenommen worden.[372] Dieser Gedanke findet sich verständlicherweise bei Vertretern monotheistischer Systeme; daneben kann er aber auch benutzt werden, um eine von der Wahrheitsfrage unabhängige generelle Explikation religiöser Entwicklung zu erreichen.

Die Betrachtung der religiösen Entwicklung unter dem Aspekt des Einflusses NTE-artiger Erlebnisse bietet in dieser Thematik einen bislang unbeachteten Ausgangspunkt: Die entwicklungsgeschichtliche Tendenz zum Monotheismus verstärkt sich in dem Maße, in dem paranormale Erfahrungen Eingang in die jeweilige Glaubenslehre oder Religionsgeschichte erhalten. Entscheidend dabei ist, daß die Phänomenologie der

---

[372] Vgl. Mann, 1970, 78-81.

Nah-Todeserlebnisse deutlich monotheistische Züge trägt; die Idee der Reinkarnation wie auch animistische Gedanken finden dagegen keine Bestätigung.[373]

Grundsätzlich vollzieht sich die Annäherung der verschiedenen Religionen an die Inhalte NTE-artiger Erlebnisse nur ganz allmählich. So hält die Vorstellung eines paradiesischen oder auch höllenartigen Jenseits, bedingt durch die Taten des einzelnen zu Lebzeiten nur langsam Einzug in die religiöse Vorstellungswelt. Die Überwindung der vorherrschenden Konzeption vom trostlosen Totenreich, wie sie die originär naturverbundenen Religionen noch kennzeichnet, findet schon bei manchen indigenen Religionen statt, die meist an der Schwelle zur Hochkultur stehen; sie ist bei den Systemen der mythischen Weltsicht durchgehend beobachtbar. Auch wenn vielfach noch die Vorstellungen eines jenseitigen Schattendaseins - seien es Hades, Scheol[374] oder das „Land ohne Wiederkehr" - dominierend sind, so finden sich gleichwohl Schilderungen von himmlischen Regionen, die als Orte der Freude und des Glücks in lichten Farben ausgestaltet werden. Auch in den östlichen Religionen hält diese Auffassung trotz des offenbar starken Gewichts der religiösen Tradition allmählich Einzug: Während das Zwischenreich im hinduistischen Rigveda schon früh Züge eines paradiesischen Jenseits trägt, ist dies im Buddhismus der Fall, als sich die Mahayana-Tradition von der ursprünglichen Lehre abspaltet.

Nimmt man als Grund für diese Entwicklung den zunehmenden Einfluß NTE-artiger Erfahrungen und das dortige Auftauchen meist paradiesisch geprägter Landschaften an, so sollte man annehmen können, daß dies auch für die generell monotheistische Erscheinung des „Lichtwesens" im NTE gilt. Demnach müßte sich auch der Eingottglaube allmählich in den religiösen Vorstellungen niederschlagen.

Während jedoch die im Laufe der Zeit aufgekommenen Jenseitsschilderungen nicht zuletzt auch den individuellen Hoffnungen der Gläubigen entgegenkommen, muß sich der monotheistische Gottesgedanke ohne erwartbaren „Nutzen" erst gegen die vorherrschende Auffassung durchsetzen. Weil die Begrenzung des Glaubens an nur einen Gott auch den Wegfall bislang als hilfreich erachteter (Schutz-)Götter und Geister nach sich zieht, kann nur mit einem langfristigen Wandel gerechnet werden; als Zwischenschritt wäre das Aufkommen eines Henotheismus denkbar, in dessen Rahmen sich die Idee einer Hauptgottheit herausbildet. Dabei ist freilich zu erwarten, daß der Einfluß NTE-artiger Erfahrungen durch bewußte Reflexion und die Verarbeitung mythischer Überlieferungen begleitet wird.

---

[373] Vgl. Schröter Kunhardt, 1996, 80-81. Gleichwohl weisen Experiencer und an NTEs Interessierte einen vermehrten Reinkarnationsglauben auf. Vgl. Wells, 1993, 17-34.
[374] Die jüdische Scheol-Konzeption trägt noch deutliche Züge originär naturverbundener Religionen.

Tatsächlich findet sich dort, wo die mythische Weltsicht animistische Vorstellungen abgelöst hat, im Laufe der Zeit der Gedanke an eine Hauptgottheit ein: Dies gilt für die Völker des alten Orients und der Antike ebenso wie für den Hinduismus; besonders freilich für die Israeliten, die aber insgesamt ein Sonderfall sind. Gerade weil religiöse Quellen aus diesen Kulturen auf NTE-artige Erlebnisse hindeuten, ist die Annahme eines sogearteten Einflusses berechtigt.

Während sich im Hinduismus zumindest die Herausbildung von Hauptgottheiten zeigt, scheint die Entwicklung im Buddhismus etwas schwerfälliger zu verlaufen. Selbst henotheistische Tendenzen sind hier nicht zu erkennen; stattdessen scheint die vorherrschende Erlösungslehre die monotheistische Phänomenologie NTE-artiger Erfahrungen sogar zu usurpieren: Diese bieten nämlich die Möglichkeit, sowohl ein lichtvolles Erlebnis zu haben, als auch gleichzeitig vermeintliche Trugbilder wahrzunehmen. Unter diesen Vorzeichen könnten solche Phänomene geradezu als Lehrobjekt dienen; die meditativen Übungen gehen denn auch in diese Richtung. Bei dieser Interpretation fungieren NTE-artige Erlebnisse eher als Bestätigung denn als Widerspruch zur ursprünglichen buddhistischen Lehre.

Eine langfristig aufweichende Wirkung jener paranormaler Erfahrungen setzt zumindest eine gewisse Lockerung des Glaubenssystems voraus, sei es von innen heraus oder bedingt durch äußere Einflüsse. Hinsichtlich der Jenseits- und Erlösungslehre kann die Entstehung der Mahayana-Tradition bereits als Wandel gesehen werden. Dagegen haben sich die monotheistischen Tendenzen NTE-artiger Erfahrungen (noch) nicht hinlänglich niedergeschlagen; das Gewicht der buddhistischen Lehre hat sich als geradezu übermächtig erwiesen.

Bei der Spekulation, unter welchen Bedingungen sich eine monotheistische Entwicklung gezeigt haben könnte, ist ein vergleichender Blick auf die Entstehungsumstände der Religionen der göttlichen Sendung angebracht. In deren Ursprungsgebieten waren Kriege um das knappe fruchtbare Land an der Tagesordnung; das Überleben eines Volkes hing vorrangig von seiner Ernährungslage ab. Mit den wechselseitigen Eroberungen und Besatzungen sowie mit dem notwendigen Warenhandel verbreiteten sich auch die religiösen Vorstellungen der Völker, die sich im Mittelmeerraum und im Nahen Osten angesiedelt hatten. Von daher war ein gewisser Vergleich sowie eine Konkurrenz unterschiedlicher Glaubensvorstellungen möglich. Die Unterjochung der im Kampf unterlegenen Bevölkerung bot zusätzlich einen Ausgangspunkt für soziale Spannungen; dabei gehörten Besatzer und Besetzte jeweils verschiedenen Religionen an. Auch wenn die Sieger ihren unterlegenen Gegnern meist die Ausübung ihres Glaubens gestatteten, so kann doch angenommen werden, daß der politische Konflikt auch eine religiösen Dimension annahm: Insbesondere die unterdrückte Seite wird die ersehnte Befreiung mit der Hoffnung auf einen erlösenden Eingriff jenseitiger Mächte verbunden haben.

Auch in Asien gab es Eroberungen und Besatzungen; im Vergleich zum Nahen Osten scheint hier aber die Weite des Lebensraums dem Konflikt einen Teil der Schärfe genommen zu haben. Die Glaubenslehre der östliche Religionen eignet sich außerdem schon wegen ihrer Forderung nach Loslösung von weltlichen Dingen grundsätzlich nicht sehr als Überbau für politische Forderungen. Die Aussicht auf eine nicht absehbare Folge von Wiedergeburten, die eigentlich überwunden werden sollte, kann zudem als Mitgrund für die fehlende Motivation für Befreiungsbewegungen mit religiösen Vorzeichen angenommen werden.

Die unterschiedliche Ausgangslage zeigt sich besonders, was die Akzeptanz NTE-artiger Erfahrungen angeht: Während die Religionen des Ostens die Loslösung von weltlichen Phänomenen zum Zwecke der individuellen Erlösung lehren, ist der Alltag in dieser Lebenswelt gleichwohl von den vielfältigen Erscheinungen der natürlichen Umgebung geprägt. Zusammen mit dem Gewicht der religiösen Lehre, die nicht in dem Maße von fremdem Gedankengut Konkurrenz erhielt, wie dies im Westen der Fall war, haben die Inhalte von Nah-Todeserfahrungen nur mäßige Beachtung erhalten.

Im Nahen Osten dagegen fielen NTE-artige Erfahrungen auf fruchtbaren Boden: Zunächst liegt es für ein unterdrücktes Volk wie es die Israeliten in Ägypten waren, nahe, ihre religös getragene Hoffnung auf Befreiung nicht einer Gruppe von Göttern, sondern einer Hauptgottheit bzw. einem einzigen Gott anzuvertrauen. Durch diesen soziokulturellen Hintergrund können sich die in NTE-artigen Erfahrungen erlebte monotheistische Phänomenologie sowie der möglicherweise aufkommende Sendungsgedanke in einem synergetischen Effekt zum Glauben an die Errettung durch (den) einen Gott, bzw. beim Experiencer der spezielle göttliche Sendungsauftrag verstärken. In dieser Hinsicht nimmt Mose eine Sonderstellung ein: Bei ihm verbinden sich die Erwartungshaltung seines Volkes, die zwangsläufig monotheistische Züge trägt und die persönliche Betroffenheit von dieser Lage[375] zusammen mit seiner Erfahrung zu einem multisynergetischen Effekt, der schließlich in die Begründung des Glauben an Jahwe, den einzigen Gott der Israeliten, mündet, der jene mit Hilfe des Mose aus der Knechtschaft Ägyptens herausführt.

Auf diesem monotheistischen Glaubensfundament finden Jesus und Mohammed schließlich ihre Berufung. Sie sehen sich dabei nicht als Begründer, sondern als Erneuerer des Glaubens.

---

[375] Vgl. hierzu die im Unterkapitel 3 gezeigte Verbindung.

Was die Entwicklung der Religionen im Zusammenhang mit NTE-artigen Erfahrungen betrifft, so scheint der Monotheismus der folgerichtige Endpunkt zu sein: Bei ihm entspricht die religiöse Gottesvorstellung im Grundsatz dem Inhalt des paranormalen Erlebnisses. Es hängt wesentlich von der Explikation der Nah-Todesphänomene ab, ob man diese religionsgeschichtliche Entwicklung als Annäherung an eine tatsächlich erfahrene transzendente Wirklichkeit betrachtet oder aber als Ergebnis zunehmender Einflußnahme rein subjektiver Eindrücke eines bestimmten Erlebnistyps auf religiöse Vorstellungen deutet.

5. Außerreligiöse Hinweise auf Nah-Todeserfahrungen

Nah-Todeserfahrungen finden nie isoliert, sondern stets vor einem soziokulturellen Hintergrund statt, der auch religiöse Züge trägt. Insofern ist die Differenzierung zwischen religiösen und außerreligiösen Erlebnissen problematisch. Man kann aber zumindest im säkularisierten Abendland von letzteren sprechen, als sie ganz gewöhnliche Menschen im Alltag ereilen. Dies ist beispielsweise bei den im zweiten Abschnitt genannten Jenseitsreisen im christlichen Mittelalter der Fall, auch wenn diese Erfahrungen von kirchlicher Seite zur Glaubensunterweisung genutzt wurden.[376]

Weitere Hinweise auf NTE-artige Erlebnisse finden sich Dantes (1265-1321) *Göttlicher Komödie*, wo es unter anderem heißt:

> *„Denn mein Gesicht, das plötzlich hell und klar,*
> *Lief immer weiter auf der Strahlenstraße*
> *Des hehren Lichtes, das in sich ist wahr.*
> *Mein Schauen übertraf fortan die Maße*
> *Der Sprache, die vor solcher Schauung flieht;*
> *Auch das Gedächtnis weicht dem Übermaße."*[377]

Schon früh ist die Nah-Todesforschung auf Emanuel Swedenborg (1688-1772) gestoßen, einen Naturwissenschaftler aus Stockholm, der in späteren Jahren von mystischen Erlebnissen berichtet:

> *„Ich versank in einen Zustand der Fühllosigkeit aller meiner leiblichen Sinneswerkzeuge, also beinahe in den Zustand der Sterbenden. Doch blieb mein Innenleben und Denken erhalten, so daß ich wahrnehmen konnte und im Gedächtnis zu behalten verstand die Dinge, die da geschahen und wie sie denen geschehen, die wieder erweckt*

---

[376] Eine Zusammenstellung von Jenseitsberichten findet sich bei Zaleski, 1993, 70-146.
[377] Zit. n. Zaleski, 1993, 144.

werden von den Toten ... Besonders dessen ward ich gewahr, daß da war ein Ziehen und Zerren des Geistes, desgleichen meiner Seele, aus dem Leib heraus."[378]

Die Erfahrung bleibt aber nicht auf autoskopische Wahrnehmungen beschränkt:

„*Das innere Gedächtnis ist also, daß alle einzelnen Dinge niedergeschrieben sind, die der Mensch zu irgendeiner Zeit gedacht, gesprochen und getan hat von frühester Kindheit bis ins höchste Alter. Der Mensch hat bei sich das Gedächtnis an alle diese Dinge, wenn er in ein anderes Leben gelangt, und wird Schritt um Schritt dahin gebracht, ihrer aller zu gedenken ... Alles, das er gesagt und getan hat ...wird offenbar vor den Engeln in einem Licht so klar wie der helle Tag...Wie in einem Bilde geschaut, wenn der Geist angesehen wird in dem Lichte des Himmels.*"[379]

Ähnliche Textzeugnisse lassen sich auch an vielen anderen Stellen aufweisen.[380] Daneben finden sich Zeichnungen, die sich ebenfalls mit Nah-Todeserfahrungen in Verbindung bringen lassen. So stellte etwa Hieronymus Bosch (1450-1516) den Eingang der Seele ins Reich Gottes dar, indem er sie durch einen langen Tunnel schickte, dessen Ende bereits durch helles Licht erleuchtet wird.[381] Dieses Motiv wurde durch Gustave Dore (1832-1883) in einem Kupferstich etwas modifiziert: Ein von Engelsscharen gesäumter, röhrenartig gestalteter Durchgang führt dort auf ein hell strahlendes Ziel zu; die Darstellung soll die Visionen Dantes illustrieren.[382]

Die freilich größte Sammlung außerreligiöser Nah-Todeserfahrungen sind die zeitgenössischen Erlebnisberichte. Hier ist die Bezeichnung schon durch den Umstand gerechtfertigt, daß entsprechende Begebenheiten auch von Personen geschildert werden, die keine oder nur geringe religiöse Aktivitäten zeigen oder sich als Agnostiker bzw. Atheisten bezeichnen. Mittlerweile können die in allen Kulturkreisen auftretenden Nah-Todeserfahrungen als außerreligiöse Erlebnisse betrachtet werden.

Es kann kaum erwartet werden, daß durch ihren Einfluß noch eine Veränderung von Glaubenslehren stattfinden wird. Insofern ist auch jene religionsgeschichtliche Entwicklung, die durch die Einflußnahme paranormaler Erfahrungen gekennzeichnet war, zum Abschluß gekommen.

---

[378] Zit.n.Moody, 1989a, 129.
[379] a.a.O., 131.
[380] Vgl. Moody, 1978, 85-99.
[381] Vgl.Klinkenborg, 1992, 66-67.
[382] a.a.O., 72.

6. Reaktionen von Glaubensgemeinschaften und Theologen

Kaum waren Nah-Todeserfahrungen einer breiteren Öffentlichkeit bekannt geworden, da gab es schon eine Reihe unterschiedlicher Reaktionen von kirchlicher Seite.[383] Weil die besagten Erlebnisse vor allem in westlichen Ländern bekannt wurden, und deren Phänomenologie am ehesten mit den Religionen der göttlichen Sendung in Verbindung gebracht wurde[384], sind auch die Reaktionen der Glaubensgemeinschaften meist jene der christlichen Kirchen und Strömungen.[385] Nach einer Studie von David Royce zeigte sich, daß Nah-Todeerlebnisse unter Geistlichen bekannt sind; fast 90 Prozent sahen keinen Konflikt mit Glaubenslehren.[386]

6.1. Kritische und ablehnende Beurteilungen

Schon zu Beginn der achtziger Jahre setzte sich der Tübinger Theologe Hans Küng im Rahmen eines Buches mit dem Titel „*Ewiges Leben?*" mit Sterberlebnissen auseinander. Nach einer sachlichen Darstellung des Gegenstands und der Forschungsansätze stellt er fest, daß keiner der Experiencer den biologischen Tod überlebt hat:

„Nahe an der Schwelle des Todes, haben sie diese doch nirgendwo überschritten. Was also besagen dann solche Sterbeerlebnisse für das Leben nach dem Tod? Kurz gesagt: nichts! Ja, ich sehe es als eine Pflicht theologischer Wahrhaftigkeit an, klar zu antworten: Solche Sterbeerlebnisse beweisen für ein Leben nach dem Tod nichts;"[387]

Wenngleich Küng die Frage nach einer Beweisbarkeit richtig beantwortet, versteift er sich doch zu sehr auf den Aspekt des biologischen Tods.[388]

Gottfried Bachl sieht in Nah-Todesphänomenen eine „Bagatellisierung des Todes"[389]; es handle sich dabei um ein Wiederaufleben von Totenbefragungen, bei dem gleichzeitig am Ende des Lebens ein sanfter Übergang in ein neues Dasein propagiert werde. Dies setzt er mit der „Aufhebung des Todes" gleich. Schon die vielfach vertretene Auffassung, die menschliche Seele befinde sich im Körper in einer Art von Exil, lehnt Bachl strikt ab.[390]

---

[383] Vgl. Moody, 1978, 71-82.
[384] Vgl. Gallup, 1995, 212.
[385] Vgl. hierzu auch Randle, 1994, 125-136.
[386] Vgl. Bailey/Yates, 1996, 19. auch van Dam (1995, 124) sieht im allgemeinen keine Differenzen zur Bibel.
[387] Vgl. Küng, 1982, 36.
[388] Dieser Aspekt wird in Kap.IV.1. genauer beleuchtet.
[389] Bachl, 1985, 24. Absichten dieser Art weist Moody (1978, 109) jedoch schon früh zurück.
[390] Bachl, 1985, 24-29.

Massive Kritik an Nah-Todeserlebnissen kommt von bibelorientierten christlichen Kreisen, die vor allem in den USA anzutreffen sind. Ein Angriffspunkt ist die fehlende Angst vor dem Tod, die biblischen Ausführungen entgegenstehe. Das weitaus größere Problem scheint aber die Erscheinung des oft mit Gott identifizierten „Lichtwesens" zu sein: Jenes akzeptiert alle Experiencer, ohne deren früheres Leben zum Maßstab zu machen. Dies jedoch wird als Widerspruch zur biblischen Verheißung eines Jüngsten Gerichts und einer individuellen Beurteilung gemäß der zu Lebzeiten begangenen Taten aufgefaßt.[391] Demgemäß werden die Publikationen von Experiencern angegriffen.[392] Nah-Todeserfahrungen werden schließlich mit okkulten und New-Age-Praktiken in Verbindung gesetzt[393] und dämonologisiert[394]; Tom Harpur, ein ehemals evangelikanischer Priester, der im Rahmen einer Publikation über NTEs bei Glaubensfragen einen moderaten Standpunkt einnahm, wurde gar des Abfalls vom Glauben bezichtigt und als Häretiker gebrandmarkt.[395]

6.2. Positive Reaktionen

In der deutschen katholischen Kirche finden Nah-Todeserfahrungen grundsätzlich eine positive Rezeption. Aus bischöflichen Schreiben[396] geht hervor, daß NTEs zwar als reale Erfahrungen angesehen werden, nicht aber als Einblicke ins Jenseits oder als Gottesbeweis. Ein Kirchenvertreter empfahl, jene Erlebnisse nicht als **Be**weis, sondern als **Hin**weis für menschliche Transzendenz zu nehmen; kirchenamtliche Bedenken seien nicht bekannt. Ähnlich äußert sich auch der evangelische Theologe Hans Schwarz auf einem Seminar der Karl-Heim-Gesellschaft zum besagten Thema.[397] Monsignore Jean Vernette, Vatikanberater und Delegierter des französischen Episkopats für Probleme neuer religiöser Phänomene, charakterisiert NTEs als „intensive emotionale Erfahrung". Eine offizielle Haltung der katholischen Kirche gebe es nur insofern, als da-

---

[391] Vgl. Gallup, 1995, 211-218.

[392] Vgl. Grothius' Kritik an Betty Eadie in Vital Signs (1995, 4-7); im gleichen Sinn äußert sich Abanes (1996, 243-252).

[393] Vgl. Abanes, 1996, 146-148. Dagegen weist Perry (1992, 93-95) eine notwendige Verbindung zur New-Age-Bewegung mit dem Verweis auf NTEs in der Antike zurück; er hält Nah-Todeserfahrungen nicht nur für positive Erlebnisse, sondern sieht auch Glaubensaussagen darin bestätigt.

[394] Dämonischen oder satanischen Einfluß hat schon Moody (1989a, 158) in seine Erklärungsansätze einbezogen; wegen der positiven Wirkung der NTEs glaubt er aber, in diesem Fall sei der Versuch böser Mächte, den Menschen negativ zu beeinflussen wohl fehlgeschlagen.

[395] Vgl. Abanes, 1996, 214-216. Zu Harpurs Beurteilung der NTEs Vgl. Harpur, 1994, 1-3.

[396] Diese Schreiben liegen in Ablichtung vor; aus Gründen der Vertraulichkeit können sie aber nicht weiter spezifiziert werden.

[397] Vgl. Schwarz, 1987, 42-51.

bei theologische Aspekte betroffen seien. Er meint aber: „Wenn die NTE Frieden und Freude bringt, dann ist die Möglichkeit groß, daß sie echt spirituell ist."[398]

Etwas skeptischer fallen die Reaktionen der deutschen evangelischen Kirchenleitung aus: Dabei wird vor allem auf das ambivalente Erscheinugsbild der Sterbeerlebnisse verwiesen, das mit einem Anteil der sog. negativen NTEs gegeben ist. Auch wird betont, daß keiner der Experiencer den Tod überschritten habe: Somit seien keine endgültigen Aussagen über ein Jenseits möglich; schon gar nicht aber lasse sich das christliche Gottesbild aus Nah-Todeserfahrungen ableiten.[399]

Im katholischen *Weltbild* wurden NTEs bereits im Zusammenhang mit der Frage nach Auferstehung behandelt.[400] Auch der gleichnamige Verlag bietet Bücher zum genannten Thema an; von Moody´s Werken wurden einige sogar als Sonderveröffentlichungen vertrieben, andere Publikationen direkt verlegt.

Kanon Perry aus Großbritannien weist die bei Abanes behauptete Verbindung zur New-Age-Bewegung zurück und verweist dabei auf NTEs die sich schon in der Antike ereignet haben. Er hält Nah-Todeserfahrungen nicht nur für vereinbar mit dem christlichen Auffassung, sondern sieht sogar zahlreiche Glaubensaussagen in positiver Weise bestätigt.[401]

Zustimmung kommt auch aus dem Umkreis der Latter-day Saints (LDS), vornehmlich von Arvin Gibson, der paranormale Erlebnisse zusammengestellt und mit den Schriften der auch als Mormonen bekannten Glaubensgemeinschaft verglichen hat. Er findet in NTEs die Bestätigung für eine Reihe LDS-spezifischer Glaubensinhalte.[402] Dabei werden auch Parallelen zum Buch Mormon gezogen, wo Alma der Jüngere eine Wandlung erfährt, wie sie von Saulus aus dem Neuen Testament bekannt ist; dieses Erlebnis soll sich während eines NTEs zugetragen haben:

„*Und es geschah während er umherging, die Kirche Gottes zu zerstören (...) siehe, da erschien ihnen der Engel des Herrn; und er stieg hernieder wie in einer Wolke und sprach wie mit einer Donnerstimme (...): Alma, stehe auf und komme hervor, denn warum verfolgst du die Kirche Gottes? ...*"[403]

---

[398] Vgl. Elsaesser Valarino, 1995, 244-265.
[399] Auch die Quellen aus der evangelischen Kirche können hier nicht näher benannt werden.
[400] Vgl. Krabbe, 1996, 10-12.
[401] Vgl. Perry, 1992, 85-95.
[402] Vgl. Gibson, 1993, 19, 276, 302-311 und 1994, 115-127.
[403] Mosiah, 27.10-13. Als Textquelle dient das Buch Mormon, das von der *Kirche Jesu der Heiligen der letzten Tage* 1978 in 20. Auflage herausgegeben wurde.

Trotz der inhaltlichen Ähnlichkeiten zum Bericht der Apostelgeschichte, finden sich jedoch keine anderweitigen Hinweise auf eine NTE-artige Erfahrung.

Parallelen zum NTE sieht auch Leon S. Rhodes, der sich als Anhänger der Swedenborgischen Kirche eingehend mit Nah-Todeserfahrungen befaßt hat.[404] Schon früh hat er auf deren nahe Verwandtschaft zu Swedenborgs Erlebnissen hingewiesen; im Vergleich zum Bild, das jener gezeichnet habe, stellten NTEs aber nur einen kleinen Ausschnitt hiervon dar.[405]

Die eigenen Überzeugungen rücken auch die Anhänger des *kundalini*-Yoga in den Vordergrund. Demnach basieren NTEs und ähnliche Erlebnisse auf der Aktivierung der sog. *kundalini*-Energie.[406] Bei Sterbeerfahrungen geschehe dies angesichts des herannahenden oder befürchteten Todes, doch könnten auch andere Erlebnisse auf diese Weise hervorgerufen werden.[407]

6.3. Ein Modell zur Interferenz von NTEs und religiösen Vorstellungen

Bei der Beurteilung von Nah-Todeserfahrungen sind die Unterschiede ähnlich groß wie bei der Beurteilung religiösen Glaubens. Für den einzelnen kann sich leicht ein Widerspruch zwischen NTE-Berichten auf der einen Seite und der eigenen religiösen Einstellung im weitesten Sinne[408] ergeben. Für jeden NTE-Bericht bzw. für NTEs generell gibt es daher ein Interferenzmodell, das von der Einstellung der jeweiligen Person abhängt, die zu Nah-Todeserlebnissen Stellung bezieht. Es ist dabei gleichgültig, ob es sich um einen durchschnittlichen Gläubigen oder einen theologisch qualifizierten Betrachter handelt. Idealtypisch läßt sich die Situation wie folgt darstellen:

---

[404] Rhodes, 1996.
[405] Rhodes, 1982, 1-21.
[406] Vgl. Kieffer, 1994, 162.
[407] Vgl. Kason, 1994, 156.
[408] Hierunter sollen alle Einstellungen gegenüber religiösen bzw. metaphysischen Fragen fallen; auch eine bewußt areligiöse, antireligiöse, atheistische oder agnostische Grundhaltung zählt hierzu.

Einschätzung der (eigenen/aller[409])		Glaubensaussage(n) als wahr	nicht wahr
NTEs[410] als real	bei Übereinstimmung	gegenseitige Bestätigung	Vorzug für NTE
	bei Differenzen	a) Vorzug für eine Seite durch veränderte Einschätzung	Vorzug für NTE
		b) Akzeptanz des Widerspruchs	
		c) Annahme höherer Auflösung[411]	
NTEs als nicht real		NTE beruht auf rein subjektiven Erlebnissen (Träumen, Einbildungen, Hallizunationen)	beide Erscheinungen sind rein subjektiv

Aus dieser Tabelle geht nur die in der Regel angezeigte Grundhaltung hervor; die Schlußfolgerungen können im einzelnen ganz verschieden ausfallen. Eine problematische Situation ergibt sich erst, wenn sowohl bestimmte religiöse Vorstellungen als auch NTEs für wahr erachtet werden, beider Inhalte sich aber widersprechen. Dies kennzeichnet die Lage mancher Gläubiger und Theologen, die sich hier in einem Dilemma befinden.

Weil in der Praxis meist mehrere, einander widersprechende Berichte von Nah-Todeserfahrungen vorliegen und auch die Beurteilung religiöser Aussagen oftmals vage und inkonsistent ist, ist das gezeigte Schema stark vereinfachend. Bei einer detaillierteren Betrachtung verliert es aber seinen Überblickscharakter; daher wird hier auf eine weitere Diversifizierung verzichtet.

6.4. Grundsätzliche Akzeptanzprobleme in den Weltreligionen

Wie in Kap.II.4. gezeigt wurde, haben Nah-Todeserfahrungen in den Religionen des Ostens wenig Aussicht, im Rahmen des Glaubenssystems anerkannt zu werden. Dies gilt für die Erlebnisse des einzelnen, und - allein schon wegen des Erlösungskonzepts - auch für Religionsstifter und -verkünder.

---

[409] Während der Anhänger einer bestimmten Religion die von ihm akzeptierten Glaubensinhalte als wahr ansieht, die nicht akzeptierten dagegen als nicht wahr, betrachtet etwa ein antireligiöser Mensch alle Glaubensaussagen, auch die des „eigenen" soziokulturellen Umfelds als nicht wahr.

[410] Dabei können NTEs sowohl als generelle Erscheinung als auch als Bericht eines bestimmten Experiencers betroffen sein.

[411] So kann etwa die Hoffnung bestehen, der Widerspruch bestehe nur im Rahmen des menschlichen Denkens und könne von einer höheren Perspektive her aufgelöst werden.

Die Religionen der göttlichen Sendung haben zwar geringere Bedenken, den Experiencerberichten zumindest eine gewisse Realität zuzusprechen; problematisch wird es aber, wenn die Begründer und Übermittler des Glaubens mit NTE-artigen Erfahrungen in Verbindung gebracht werden: In allen Fällen scheint hier die göttliche Bestimmung durch subjektive Momente relativiert zu werden. Auch die Verbindung zu zeitgenössischen NTEs mit ihrer oftmals esoterischen Interpretation dürfte einem Vergleich abträglich sein.

Sieht man jedoch die Umstände der historischen NTEs nicht in einem zufälligen oder unfallbedingten Akt, sondern in der meditativen Gottessuche des Experiencers, dann scheint eine Annahme NTE-artiger Erfahrungen weniger problematisch. Es ist auch und gerade *im* Rahmen einer religiöser Interpretation der Berufungserlebnisse denkbar, daß die betreffenden Personen anhand ihres Glaubens und ihrer Suche nach Wahrheit erwählt wurden. Daß von göttlicher Seite ein - meditativ erreichtes - NTE-artiges Erlebnis zur Offenbarung und Berufung genutzt worden sein könnte, relativiert dann wieder den vermeintlich subjektiven Charakter der NTEs: Die Umstände der jeweiligen Erfahrungen sind dann nur mehr eine technisch-metaphysische Frage.

Die Verbindung der Berufungserlebnisse, wie sie in den Religionen der göttlichen Sendung anzutreffen sind, mit jenen Umständen einer NTE-artigen Erfahrung verleiht den besagten Begebenheiten zwar *per se* keinen besonderen Status; allerdings schließt diese Interpretation auch den theologischen Standpunkt nicht aus, die historischen Berufungserlebnisse seien als einmalige und göttliche Offenbarungen zu werten: Weil es dabei um qualitativ-inhaltliche Fragen geht, die sich einer nachträglichen Untersuchung entziehen, bleibt diese Möglichkeit grundsätzlich offen.

Die Akzeptanzprobleme vornehmlich der Religionen der göttlichen Sendung stellen sich bei näherer Betrachtung als wesentlich geringer als zunächst vermutet dar; nur wenn auf theologische Interpretationen gänzlich verzichtet wird, werden Nah-Todeserfahrungen inakzeptabel. Bislang wurden derartige Thesen jedoch kaum diskutiert.

III. ERKLÄRUNGSANSÄTZE VERSCHIEDENER DISZIPLINEN

Nah-Todeserfahrungen sind seit mehr als zwanzig Jahren erforscht worden. Ihre Phänomenologie und ihre Struktur sind mit verschiedenen Einflußfaktoren kausal in Beziehung gesetzt worden.[412] Gleichwohl ist der grundsätzliche Status der Erlebnisse unterschiedlich beurteilt worden; verschiedene Fachbereiche haben Erklärungsansätze für NTEs geliefert.

1. Medizinische Erklärungen

Nah-Todeserfahrungen wurden zuerst im klinischen Bereich bekannt; daher war man versucht, ihr Zustandekommen durch medikamentöse Einflüsse zu erklären. In Frage kamen dabei sowohl Mittel, die über einen längeren Zeitraum eingesetzt wurden, wie Beruhigungsmittel, Schmerzmittel oder Stimulantien als auch kurzfristig benötigte Arzneien wie Narkotika.[413] Die zu erwartenden Auswirkungen können dabei bei bestimmten Präparaten schon einkalkuliert und vielleicht beabsichtigt sein, so etwa bei stark schmerzlindernden Mittel wie Morphium und Demerol. Daneben war auch mit eventuellen unerwünschten Nebenwirkungen zu rechnen, die sich gerade bei psychoaktiven Arzneien nie ausschließen lassen. Patienten, die mit Medikamenten behandelt wurden, zeigten in einer Untersuchung allerdings kein vermehrtes Aufreten von Nah-Todeserfahrungen im Vergleich zu nicht medikamentierten Personen.[414] Stattdessen wurde festgestellt, daß NTEs und OBEs vermehrt dann auftreten, wenn keine Psychopharmaka eingenommen werden; diese wirken hemmend auf das limbische System, dem eine Beteiligung an NTEs zugeschrieben wird.

Dieser Umstand kann dadurch erklärt werden, daß psychoaktive Substanzen wie auch andere, wahrnehmungsreduzierende Mittel einen Einfluß auf die Wahrnehmung und die retrospektive Erinnerung an das Erlebnis haben, so daß etwa die Farbwahrnehmung, die Lesefähigkeit oder die Aufmerksamkeit für Einzelheiten darunter leiden. Entsprechend wurde festgestellt, daß Suizidpatienten, die nicht unter Drogen- oder Medikamenteneinnahme bzw. unter Alkohol standen, eher „klassische" NTEs erleben.[415] Da nicht das NTE, sondern dessen Wahrnehmung und Erinnerung beeinträchtigt wird, kann angenommen werden, daß oftmals NTEs erlebt werden, ohne daß später

---

[412] Einen Überblick zur Struktur und zu interferierenden Faktoren bietet Lundahl, 1993, 105-118.
[413] Vgl. Zaleski, 1993, 251.
[414] Vgl. Osis/Haraldsson, 1978, 220.
[415] Vgl. Schröter-Kunhardt, 1993c, 66.

überhaupt eine Erinnerung daran möglich wäre. Die dabei offenbar auftretende Verzerrung der Erfahrung könnte gleichzeitig ein Grund für das Fehlen jener *spezifischen* unvergeßlichen Erinnerungen sein, die üblicherweise als *aftereffects* das weitere Leben des Experiencers prägen und NTEs generell charakterisieren.

Medikamentöse Einflüsse scheinen aber nicht nur eine Erklärung dafür zu bieten, daß manche Personen trotz entsprechender körperlicher Umstände kein NTE zu haben glaubten[416], sie werfen auch ein Licht auf die sog. negativen NTEs, auf die nun kurz eingegangen werden soll.

1.1. Exkurs: „Negative" Nah-Todeserfahrungen

Ähnlich wie ihr „positves" Äquivalent tauchen negativ geprägte Erlebnisse schon in frühen Schilderungen, und dabei kulturübergreifend auf, etwa im tibetischen Buddhismus als „furchteinflößende Buddhas" oder in der christlichen und islamischen Mystik. Im christlichen Mittelalter und auch später gibt es schließlich Berichte von Jenseitsreisen, in denen von einem Höllen- oder Fegefeuer die Rede ist.[417]

Grundsätzlich gliedert man jene Erlebnisse in drei Arten: Erfahrungen einer Nichtigkeit bzw. Leere, Erleben eines „typischen" NTEs mit allerdings unangenehmen begleitenden Gefühlen sowie die Wahrnehmung einer höllenartig geprägten Umgebung.[418]

Schon kurz nachdem sich die Nah-Todesforschung eingehender mit dieser Erscheinung auseinandergesetzt hatte, folgerte Ring, daß jene sog. negativen NTEs, die ein Gefühl der Leere beinhalteten und nicht selten mit negativen Eindrücken begleitet waren, auf anästhetische Behandlung zurückzuführen seien. Die dabei verwendete Dosis Ketamin rufe ähnlich wie etwa LSD ein mehr oder minder unangenehmes Nichtigkeitsgefühl hervor; in geringen Dosen könne Ketamin hingegen NTE-artige Erlebnisse „positiver" Art hervorrufen.[419] Schon Greyson/Bush haben bemerkt, daß die besagte Spezies der sog. negativen NTEs mehrheitlich bei anästhesierten Geburtsvorgängen stattfand[420]; diesen Zusammenhang hat Ring später neu aufgegriffen und belegt.[421] Tatsächlich ist, wie oben schon angedeutet, ein Zusammenhang zwischen bestimmten

---

[416] Es liegt auch nahe, zusätzlich für die Auslöseschwelle eines NTEs individuelle Unterschiede anzunehmen, wie sie etwa bei Geräuschwahrnehmungen oder Sinnesempfindungen existieren; von daher führen ähnliche Umstände manchmal, aber nicht immer zu einem NTE.
[417] Vgl. Ellwood, 1996, 83-114.
[418] Zur Phänomenologie Vgl. Greyson/Bush, 1992, 95-110.
[419] Vgl. Ring, 1994, 16-21.
[420] Vgl. Greyson/Bush, 1992, 104.
[421] Vgl. Ring, 1996, 17-23.

Präparaten und dem NTE wahrscheinlich, was dessen Wahrnehmungs- und Erinnerungsfähigkeit anbelangt. Ring allerdings verneint deren ontologischen Status: Sofern sich das „negative" NTE in einem Gefühl von Leere und Nichtigkeit äußert, handle es sich nicht um ein Nah-Todeserlebnis im eigentlichen Sinne, sondern um eine drogeninduzierte Notreaktion des Körpers.[422]

Bei den anderen Typen des sog. negativen NTEs, die sich entweder als „typisches" Erlebnis mit unangenehmen Gefühlen zeigt oder sich in Wahrnehmung einer höllenartigen Umgebung äußert, trifft Ring eine ähnliche Feststellung: Weil es sich dabei um die Selbsterhaltungsversuche eines im Todeskampf befindlichen „Egos" handle, träten entsprechende Illusionen auf, die aber nicht real und letztlich nur von vorübergehender Dauer seien. Tatsächlich gibt es Berichte, bei denen sich ein anfänglich negativ erscheinendes Erlebnis in eine „klassische" Nah-Todeserfahrung umwandelt.[423] Weil dies bei beiden erwähnten Arten der Fall ist, scheint es zwischen diesen nur einen graduellen Unterschied zu geben: Während es sich beim einen Typ nur um negative emotionale Konnotationen handelt, ist beim anderen auch die audiovisuelle Wahrnehmung beeinflußt.

Die Frage, wie dieser Einfluß zu erklären ist, setzt voraus, daß es sich beim „positiven" Typ des NTE tatsächlich um das „klassische", zugrundeliegende eigentliche Erlebnis handelt, das durch Einflüsse gleich welcher Art erst verändert wahrgenommen oder erinnert wird. Für diese Annahme sprechen jedoch sowohl die beobachtete einseitig ausgerichtete Umwandlung des Erlebnisses - als auch die Tatsache, daß die erfreulicheren Begebenheiten nicht nur häufiger auftreten, sondern auch in der religionsgeschichtlichen Entwicklung letztlich den eigentlichen Ausschlag geben. Weil außerdem medikamentöse Einflüsse nachweislich die Erinnerung und Wahrnehmung der („positiven") NTEs behindern, liegt es nahe, jene zugrundezulegen und anderweitige Arten der Einflußnahme bei negativ geprägten Erfahrungen anzunehmen.[424] Dies spricht auch gegen die Annahme, NTEs hätten generell einen ambivalenten Charakter, ohne daß ein Erscheinungstyp der ursprüngliche sei.[425]

Wenn Ring den sog. negativen NTEs einen ontologischen Status abspricht, dann müßte er konsequenterweise diese Einschätzung auf alle NTEs ausdehnen[426], wogegen er sich

---

[422] a.a.O., 23.
[423] Vgl. Ring, 1994, 5-16.
[424] So betrachtet Bache (1994, 42) „negative" NTEs als unvollständige NTEs, bei denen der Experiencer auf tiefe psychische Strukturen trifft, die durch das perinatale Bewußtsein geprägt sind.
[425] Diese Meinung vertrat Brodsky, 1992, 9.
[426] Auf diesen Widerspruch hat schon Bush, 1994, 47-54 hingewiesen.

jedoch wehrt.[427] Aufgrund der vorliegenden Berichte und Erkenntnisse ist es jedoch naheliegend, nicht nur bei jenen Erlebnissen, die vom Gefühl einer Leere gekennzeichnet sind, eine medikamentöse Beeinflussung und möglicherweise Unterdrückung eines tatsächlichen NTEs anzunehmen, sondern diesen Ansatz auch auf die beiden anderen, graduell unterschiedlichen Typen „negativer" Erfahrungen auszudehnen:

Neben einer medikamentösen Einwirkung von außen - sei es durch Arzneimittel, Narkotika, Anästhetika oder anderes - kommt auch eine Einflußnahme und Interferenz körpereigener Opiate und Neurotransmitter in Frage. Deren Einsatz könnte nun tatsächlich mit der individuellen Bereitschaft zusammenhängen, den vermeintlichen Tod zu akzeptieren oder aber sich ihm zu widersetzen. Auftretende Ängste und Erwartungen könnten dann im Zusammenwirken mit körpereigenen Mechanismen die Phänomenologie des Nah-Todeserlebnisses jedenfalls zu Beginn in „negativer" Weise bestimmen.

Insgesamt hat der medizinische Ansatz die Vermutung nicht bestätigt, Nah-Todeserfahrungen als Nebenwirkung irgendwelcher Präparate erklären zu können. Auch der Verdacht, Hypoxie oder Hyperkapnie seien Auslöser von NTEs konnte nicht erhärtet werden. Zwar kann Sauerstoffmangel ein Mitauslöser von Nah-Todeserfahrungen sein, zwingend notwendig ist dies aber nicht. Dasselbe gilt für Fälle von Kohlendioxidüberschuß; bei beiden Umständen kam es nicht zu „negativen" NTEs.[428]

Durch Untersuchungen der Auswirkungen verschiedener Medikamente und Präparate konnte erhellt werden, weshalb NTEs oftmals stark verzerrt oder mit unerfreulichen Inhalten auftreten bzw. teilweise oder ganz unterdrückt werden. Das Ausbleiben von NTEs sowie auch deren negative Färbung zählten seit langem zu den Hauptproblemen der Nah-Todesforschung.

2. Neurobiologische Begründungsmodelle

Daß bei NTEs zumindest neurophysiologische Korrelate feststellbar sind, wurde schon in Kap.I angesprochen. Nicht zuletzt aufgrund der Probleme, NTEs als Folge medikamentöser Behandlung zu erklären - was ohnehin meist nicht der Fall ist - wurde von seiten mancher Forscher vermutet, NTEs seien ein komplexes halluzinatives Phänomen, das bei Personen auftrete, die sich dem Tod gegenüber konfrontiert sähen; psychologische Aspekte seien dabei mitbetroffen.[429]

---

[427] Ring, 1994, 55-64.
[428] Vgl. Zaleski, 1993, 251-252 und Schröter-Kunhardt, 1993c, 57-59.
[429] So etwa Glenn/Owen, 1988, 616 oder Siegel, 1984, diskutiert bei Gibbs, 1986, 67-82.

Aus diesem Ansatz heraus wurden schließlich Modelle zur Explikation von Nah-Todeserfahrungen gebildet, die nur mehr auf neurobiologischer Basis beruhten. Es handelte sich um Theorien und Erklärungen, die im Rahmen eines materialistischen naturwissenschaftlichen Paradigmas entworfen wurden; dabei wurden psychologische Erkenntnisse und Theorien über neuronale Netzwerke gleichermaßen berücksichtigt.[430] Zunächst wurde angenommen, an der Genese der NTEs seien körpereigene Opiate und Neurotransmitter beteiligt, die dann erlebnisauslösend wirken würden. Durch endogene Opiate sollte das limbische System - unter Zuhilfenahme von Endorphinen und Enkephalinen - erregt werden und dadurch eine Nah-Todeserfahrung induziert werden. Da aber körpereigene Opiate in zahlreichen alltäglichen Begebenheiten eine Rolle spielen, sind sie für den Bereich der NTEs zu unspezifisch: sie können als mitbeteiligt, nicht aber als evozierend betrachtet werden. Ähnliches trifft auch auf andere Neurotransmitter zu: So wurde angenommen, die Unterdrückung des Botenstoffs Serotonin bewirke den Wegfall hemmender Einflüsse auf den Temporallappen des Gehirns, wo man NTE-Elemente vermutete. Als serotoninhemmende Substanzen wurden dabei LSD, Ketamin und MDMA diskutiert, auch emotionale Streßsituationen gelten als Ursachen hierfür. Gleichwohl sind auch die Wirkungen des Serotonins zu unspezifisch, um daraus eine eindeutige Schlußfolgerung abzuleiten. Grundsätzlich steht fest, daß für körpereigene wie auch eingenommene Drogen bzw. Anästhetika - Cannabis, Ketamin, u.a. - endogene Rezeptoren vorhanden sind; während jene Substanzen allenfalls Bruchstücke und Sequenzen von NTEs evozieren können und vielfach unkontrollierte Erscheinungen aufweisen, handelt es sich bei Nah-Todeserfahrungen typischerweise um sinnvoll strukturierte Erscheinungen, die zudem interkulturelle Ähnlichkeit aufweisen.[431] Berücksichtigt man aber hierbei auch mögliche medikamentös bzw. drogenbedingte Interferenzen, wie sie oben schon genannt wurden, dann läßt sich vielleicht auch manchen derart hervorgerufenen Erfahrungen ein dem NTE vergleichbarer ontologischer Status zuordnen.

Die Vermutung, Nah-Todeserfahrungen seien auf Gehirnverletzungen zurückzuführen, muß schon aufgrund der vielen Berichte völlig gesunder Experiencer zurückgewiesen werden; gleichwohl sind jene Erlebnisse auch von Hirnverletzten berichtet worden, auch bei teilweiser Entfernung des limbischen Systems. Von daher ist auch dessen notwendige Beteiligung am NTE fraglich geworden; die Beteiligung des Temporallappens scheint dagegen wahrscheinlich: Dessen elektrische Reizung evoziert zumindest

---

[430] Vgl. Thaler, 1995, 149-166 und Gómez-Jeria/Saavedra-Aguilar, 1994, 81-89.
[431] Vgl. Schröter-Kunhardt, 1993c, 59-65.

bruchstückartige NTE-Elemente, wie etwa OBEs, den Eindruck, durch Materie hindurch gehen zu können und andere paranormale Wahrnehmungen.[432]

Daß NTEs nicht mit luziden Träumen[433] gleichgesetzt werden können, haben Analysen von OBEs unter Laborbedingungen nahegelegt: Während taggleiche Träume in der Regel in den REM-Phasen des Schlafes auftreten, ist dies bei Autoskopieerlebnissen nicht der Fall: hier gibt es kein einheitliches neurophysiologisches Äquivalent.[434]

Eine andere Explikation für Nah-Todeserfahrungen bringt diese mit sensorischer Deprivation in Verbindung: Patienten, die sich in monotoner und steriler Umgebung befinden, könnten geneigt sein, mangels von außen eingehender Sinneseindrücke ihre Umgebung selbst mit tröstlichen und anregenden Bildern auszustatten. Dieses Phänomen ist von Personen bekannt, die in Notlagen oder in einer Expedition öde Landschaften durchquert haben, etwa von Polarforschern oder Wüstenwanderern.[435] Bei diesem Erklärungsansatz spielen Erkenntnisse über die Art der menschlichen Informationsverarbeitung eine große Rolle: Demnach werden die eingehenden Umweltinformationen durch Feedbacksysteme gedrosselt und nur ein Teil gelangt letztlich zum Bewußtsein; fällt jedoch der Input aus, so fließen gespeicherte Programme hinzu, um einen Minimalfluß an Informationen aufrechtzuerhalten; kann hingegen die Zufuhr nicht mehr begrenzt werden, so reagiert der Organismus mit einem kurzzeitigen Ausfall, dem „Black out".[436] Ist die Situation eines Patienten nun durch Sauerstoffmangel gekennzeichnet, so kann dadurch die diesbezüglich empfindliche Retina des Auges betroffen sein: Fehlende visuelle Eindrücke würden dann durch Beimengung gespeicherter Eindrücke ausgeglichen. Der Neurophysiologe Manfed Spreng versucht, auf dieser Basis eine Erklärung für die Inhalte der Nah-Todeserfahrungen zu finden: Bei visuellen Eindrücken bildet die Notwendigkeit, jene hinreichend ein- und zuzuordnen die Grundlage dieser Vermutung; dieser Zwang zur Klassifikation liegt auch dann vor, wenn die Informationsverarbeitung gestört ist und nur mehr wenig Reize von außen eingehen. In diesem Fall würde dennoch versucht, die vorhandenen Eindrücken zuzuordnen; in Grenzsituationen würden dann „natürlicherweise" die Gesichter und Gestalten wohlbekannter Verwandter und Freunde gesehen.[437] Was die Wahrnehmung einer außergewöhnlichen Helligkeit angeht, verweist Spreng auf das Zusammenspiel

---

[432] a.a.O., 60, 67-70.
[433] In solchen Träumen erhält die jeweilige Person ein „Traum-Bewußtsein", das Erlebte erscheint klar und verständlich. Zu Ähnlichkeiten mit NTEs Vgl. Green, 1995, 49-59.
[434] Vgl. Schröter-Kunhardt, 1993c, 70-71.
[435] Vgl. Zaleski, 1993, 255-256.
[436] Vgl. Spreng, 1987, 21-23.
[437] a.a.O., 24.

zwischen Ladung und Bahnung im rezeptiven Feld eines Sehnervs; beide Bereiche halten sich normalerweise im Gleichgewicht, etwa bei der Beobachtung eines Gegenstandes mittlerer Helligkeit. Dabei dient der periphere Teil des optischen Neurons der Erfassung von Schwarzeindrücken, der zentrale Teil nimmt hingegen Helligkeit wahr. Fällt nun infolge Sauerstoffmangels eine der sich gegenseitig hemmenden Mechanismen aus, so könnte es nach Spreng zum Eindruck einer außerordentlichen Helligkeit kommen; dynamischen Umschaltungen zwischen Hemm- und Bahnungsaktivität könnten als dunkler Tunnel in Erscheinung treten, an dessen Ende sich extreme Helligkeit befindet. Ähnliches gelte auch für den Gehörsinn. Bei Autoskopieerlebnissen schließlich verarbeite der Organismus Eindrücke, die ihn trotz eines möglichen klinischen Todes noch erreichen könnten und greife zudem auf früher gemachte Beobachtungen zurück, die womöglich unbewußt gespeichert wurden. Im Zusammenspiel beider könne es dann zur Konstruktion einer vogelperspektivischen Position kommen, ohne daß diese tatsächlich eingenommen würde.[438]

Wenngleich sich die genannten Erscheinungen vor oder bei einem Nah-Todeserlebnis ausgewirkt haben könnten, so sind ihrem Einfluß enge Grenzen gesetzt: Zunächst stellt die Zahl jener Erfahrungen, die sich unter Sauerstoffmangel oder im klinisch-tot-Status ereigneten keineswegs den Hauptteil der zeitgenössischen NTEs dar. Auch sind die Inhalte und die kultur- und epochenübergreifend ähnliche Struktur der Nah-Todeserfahrungen damit nicht erklärbar; auch sind die oftmals lebensverändernden *aftereffects* nicht hinreichend begründbar. Spreng behauptet denn auch nicht, eine plausible Explikation aller Phänomene vorweisen zu können; vielmehr will er vor einer vorschnellen Akzeptanz der Nah-Todesphänomenologie warnen.[439]

Eine Explikation von NTEs im Rahmen der Neurobiologie, wie sie von naturwissenschaftlicher Seite schon früh angestrebt wurde[440], hat sich als nicht schlüssig erwiesen. Zahlreiche Phänomene konnten nicht oder nur unzureichend erklärt werden; eindeutige Zuordnungen zu neurophysiologischen Korrelaten waren - abgesehen von den grundsätzlichen Problemen des naturwissenschaftlichen Paradigmas - nicht möglich. Es konnte aber die Vermutung erhärtet werden, daß bei Nah-Todeserfahrungen „eine spezielle Funktion der temporolimbischen Region" vorliegt; für die Einbeziehung auch anderer Gehirnbereiche sprechen EEGs von Experiencern.[441]

---

[438] a.a.O., 26-29.
[439] a.a.O., 29-30.
[440] Zu Kritikpunkten hierzu vgl. z.B. Serdahely, 1996, 41-53.
[441] Vgl. Schröter-Kunhardt, 1993c, 74.

3. Psychologische Erklärungen

Psychologische Erklärungen zielen grundsätzlich darauf ab, Nah-Todeserfahrungen als Phänomene zu charakterisieren, welche die menschliche Psyche konstruiert, um sich gegen den vermeintlich herannahenden Tod zu schützen.[442] Die sich dabei zeigende Reaktion beinhaltet demnach eine Art von Überlebensmechanismus.[443] Schon im OBE wird daher eine durchaus natürliche Form der Flucht vor der Realität gesehen, zu der sich der Experiencer entschließt, indem er den Körper verläßt.[444] Psychologische Interpretationen autoskopischer Erlebnisse beinhalten in der Regel nicht, daß die jeweilige Person tatsächlich den Leib zurückläßt; vielmehr wird dies als Wunschdenken gesehen, dem die Psyche ihre Fiktionen gerne nachreicht.[445] Auch die Jenseitsschilderungen im NTE werden in der Regel als Konstrukt gedeutet: Der Sterbende, der sich mit dem Tod nicht abfinden könne, wähne sich als getrennt von seinem Körper und glaube sich in jenen Landschaften zu befinden, die ihm Trost geben und seine Sehnsüchte erfüllen. Eine andere Interpretation geht davon aus, daß sich der Organismus zu einer Notsituation Distanz verschaffe, indem er Ruhe, Schmerzfreiheit und die Loslösung von der physischen Situation konstruiere; dadurch würden die geistigen Kapazitäten erhöht und einem Schock vorgebeugt - was schließlich dem Überleben diene.[446] Weil sich zahlreiche Nah-Todeserlebnisse außerhalb kritischer körperlicher Umstände ereignen, wurden jene auch als Katalysator für Vetrauen und Glaube gedeutet, der die Lage des Menschen und seine Angst vor dem unausweichlichen Tod abmildere.[447] Im Einzelfall erscheint dem Experiencer sein Erlebnis in der Tat wie ein ausgleichendes Geschenk, besonders, wenn die Umstände der Erfahrung Teil einer tieferen Lebenskrise waren.[448] Insofern wirken sich NTEs positiv auf die weitere Lebensgestaltung aus; Grosso sieht zudem die Chance, durch den transformierenden Charakter jener Erlebnisse überkommene Werte und Auffassungen - auch religiöser Art und den Tod betreffende - zurückzulassen und geistige Erneuerung voranzutreiben.[449]

---

[442] Einen Überblick bietet Zaleski, 1993, 260-268.
[443] Vgl. Wren-Lewis, 1994, 9.
[444] Irwin hat in einer Untersuchung (1993, 95-103) festgestellt, daß es sich bei Experiencern nicht um für eine dissoziative Reaktion prädestinierte Personen handelt; er nimmt daher an, NTEs ereigneten sich weitgehend situationsspezifisch.
[445] Vgl. Zaleski, 1993, 266. Dagegen hält Serdahely (1993, 85-94) NTEs und OBEs für tatsächliche Schritte der Trennung vom physischen Körper.
[446] Zu psychologischen Interpretationen vgl. auch Siegel, 1984, 77-120.
[447] Vgl. Gabbard/Twemlow, 1991, 41-47.
[448] Vgl. Ring, 1991, 11-39. Der Artikel enthält einige Berichte, in denen das NTE in diesem Licht erscheint.
[449] Vgl. Grosso, 1991, 49-60.

Psychologische Erklärungsversuche wirken auf den ersten Blick recht einleuchtend; die Fähigkeiten der menschlichen Psyche, Sachverhalte vorzutäuschen, die nicht bestehen sind bekannt, auch und gerade dann, wenn sich die jeweilige Person in einer Extremsituation befindet. Untersuchungen haben jedoch schon früh einen deutlichen Unterschied zwischen Nah-Todeserfahrungen auf der einen Seite und anderen psychischen Erlebnissen sowie Psychiatriepatienten auf der anderen Seite gezeigt.[450] Weil es sich bei Extremlagen um individuelle situationsbezogene Reaktionen handelt, werden die intersubjektiven Übereinstimmungen schwerlich einen Grad erreichen, wie er bei Nah-Todeserfahrungen der Fall ist. Will man NTEs gleichwohl im Rahmen eines psychologischen Abwehrmechanismus erklären, so muß man jenem entsprechende neurophysiologische Korrelate zuordnen, die, will man die interpersonelle und interkulturelle Ähnlichkeit erklären, zudem vererbbar sein müßten. Die Enstehung und der Sinn entsprechender Strukturen ist aber ähnlich problematisch wie das oftmals zugrundegelegte naturwissenschaftliche Paradigma.[451]

Charakteristisch für den psychologischen Erklärungsansatz ist die Gleichsetzung von Nah-Todeserfahrungen mit den Berichten von vermeintlichen UFO-Entführungen.[452] Twemlow hält beide Erscheinungen nur insofern als real, als es das Realitätskonzept der betroffenen Person selbst vorsieht - beide seien als Versuch zu sehen, Angst zu reduzieren, wobei aber die UFO-Entführungen weniger erfolgreich seien.[453] Jene tauchen oft in Verbindung mit Mißhandlung oder sexuellem Mißbrauch von Kindern auf und scheinen einen Versuch darzustellen, jene(n) außerirdischen Ursachen zuzuschreiben.[454] Während aber Nah-Todeserfahrungen kultur- und epochenübergreifend sind, kann dies bei vermeintlichen UFO-Entführungen schon wegen der Anlehnung an die angeblichen Raumschiffe nicht der Fall sein. Ein Vergleich dieser Phänomene ist auch deshalb unstatthaft, weil NTEs keine besonderen persönliche, soziale oder körperliche Umstände voraussetzt und oftmals plötzlich und unerwartet auftritt. Darüberhinaus erlauben auch die nachwirkenden *aftereffects* und die mitunter realitätsbezogenen Wahrnehmungen beim OBE keinen Vergleich der Phänomene. Stellt man UFO-Entführungsberichte neben Autoskopieerfahrungen, um beide als Flucht vor der besorgniserregenden Wirklichkeit zu erklären, so muß betont werden, daß diese Bedin-

---

[450] Vgl. Greyson/Stevenson, 1980, 1193-1196.
[451] Vgl. hierzu Kap.III.4.
[452] Vgl. hierzu Twemlow, 1999, 205-223, 273-284 und die Reaktionen von Basterfield, 1994, 225-227, Gotlib, 1994, 229-233, Jones, 1994, 235-243, Lawson, 1994, 245-265 und Ring, 1994, 267-272.
[453] Vgl. Twemlow, 1994, 211, 218.
[454] a.a.O., 212-219.

gungen für OBEs nur in manchen Fällen gilt; für die vermeintlichen Entführungen ist es jedoch der Regelfall.

4. Probleme einer Explikation im naturwissenschaftlichen Paradigma

Die Explikation von Nah-Todeserfahrungen im naturwissenschaftlichen Paradigma kann sich auf vielfältige Weise gestalten. Meist werden mehrere Erklärungsansätze herangezogen, um zu erklären, daß es sich bei NTEs ausschließlich um psychische Fiktionen oder Hallizunationen handelt, die keinerlei Wahrheitsanspruch haben. In der Regel erfolgt diese Explikation im Rahmen eines materialistischen Wissenschaftsverständnisses, das auch eine neurophysiologische Auffassung vom menschlichen Bewußtsein beinhaltet.[455]

Eine Ausnahme von der strikt materialistischen Linie machen insbesondere Theologen und Philosophen, die zwar vielleicht das Nah-Todeserlebnis als rein subjektives Phänomen betrachten, menschliche Transzendenz aber nicht grundsätzlich ausschließen. Skepsis gegenüber NTEs hat daher nicht notwendigerweise eine materialistische Weltanschauung zu Folge; umgekehrt ist dies sehr wohl der Fall.

Auch wenn sich die Erklärungsansätze in medizinische, neurophysiologische und psychologische Modelle aufgliedern lassen, handelt es sich dort, wo ein naturwissenschaftliches Verständnis des menschlichen Bewußtseins vorherrscht um eine (neuro-) biologische Explikation. Im Rahmen dieser Theorie werden sämtliche psychischen Phänomene als Ergebnis einer evolutionsgesteuerten Entwicklung angesehen; auch Nah-Todeserfahrungen und andere paranormale Erlebnisse finden dort ihren Platz. Begründet wird dies mit einem Vorteil, den jene Erfahrungen für das Überleben der menschlichen Spezies hätten.[456] In diesem Zusammenhang dienen Religionen und kulturelle Wertvorstellungen vor allem als Angstpuffer, der zwischen dem Selbsterhaltungstrieb des Menschen und der durch Reflexion ersichtlichen Endlichkeit des Lebens vermittelt. Diese Brückenfunktion wird auch als *Terror-Management* bezeichnet; während in früheren Zeiten religiöse Vorstellungen dem menschlichen Unsterblichkeitsbedürfnis entgegengekommen wären, seien dies heute gesellschaftlich akzeptierte Werte, deren Erhalt das Leben des einzelnen überdauerten und ihm einen Sinn jenseits des Todes vermittelten.[457]

---

[455] Dabei wird das menschliche Gehirn oft mit Computersystemen verglichen und eine Analogie behauptet. Zur Problematik „Künstliche Intelligenz" Vgl. Zimmerli/Wolf, 1994.
[456] So äußern sich beispielsweise Nuland, 1996, 210-213 und Thaler, 1996, 25-40.
[457] Vgl Pyszczynski, 1995, 2-10 und Greenberg, 1995, 11-19.

Selbst **im** Rahmen evolutionsbiologischer Theorien ist aber das Nah-Todeserlebnis nicht hinreichend erklärbar: Um es als einen für das Überleben vorteilhaften Faktor anzusehen müßten jene Erfahrungen zunächst wesentlich häufiger auftreten als dieses aus Quellen ersichtlich ist. Auch sollte man nicht erwarten können, daß die NTE-Phänomenologie, sofern man sie als trostspendende Jenseitsfiktion im Sinne des *Terror-Management* deutet, anderen vermeintlichen kulturellen Angstpuffern inhaltlich entgegensteht. Genau dies ist aber der Fall: Die Experiencerberichte widersprechen oftmals den religiösen Vorstellungen vom Leben nach dem Tod. Dies ist beispielsweise im ursprünglichen Buddhismus, in Mesopotamien und auch überall dort offensichtlich, wo die Vorstellung eines trostlosen Schattenreichs vorherrscht. Gerade Kulturen, deren Jenseitserwartung recht begrenzt war, müßten NTE-artige Erlebnisse als Angstpuffer aufgenommen haben.

Das universelle Vorkommen von NTEs fordert schließlich, daß die neurophysiologischen Grundlagen bereits in der Frühzeit des Menschen veranlagt waren; dies mag auch der Fall sein, wie die Untersuchungen der Gehirnforschung zeigen. Im Rahmen der evolutionsbiologischen Explikation wird jedoch nicht nur das Vorhandensein solcher Strukturen behauptet; vielmehr soll deren Entstehung auf einem tatsächlichen Überlebensvorteil beruhen.[458] Der hierfür notwendige Selektionsprozeß müßte sich dann aber in irgendeiner Weise niedergeschlagen haben; man sollte daher zumindest von originär naturverbundenen Kulturen erwarten können, daß der dortige Angstpuffer (noch) mit der NTE-Phänomenologie zusammenhängt. Da aber gerade in vorgeschichtlichen und indigenen Religionen die Konzeption eines trostlosen Schattenreichs vorherrscht, und diese Konzeption erst allmählich verändert wird, ist die Annahme, NTEs hätten gar einen Überlebensvorteil bedeutet völlig unplausibel.

Nah-Todeserfahrungen sind nicht nur im Rahmen der Evolutionstheorie nicht glaubhaft zu begründen; auch das zugrundegelegte materialistisch geprägte naturwissenschaftliche Paradigma ist nicht haltbar. Insbesondere lassen sich in ihm seelisch-geistige Phänomene nicht hinreichend erklären. Der Materialismus behauptet, die Physik sei die einzig wahre Theorie über die Welt; entsprechend sind alle Erscheinungen in dieser Weise zu deuten.[459] Konsequenterweise gibt es auch keine menschlichen Empfindungen im eigentlichen Sinne, es handelt sich dann nur um einen bestimmten

---

[458] Ein „zufälliges" Vorhandensein kann es für die Evolutionstheorie in diesem Umfang nicht geben; im Rahmen anderer Theorien und Annahmen sind jedoch auch andere Ursachen für die neurophysiologischen Korrelate eines NTEs denkbar.

[459] In diesem Sinne weisen auch Gómez-Jeria/Madrid-Aliste (1996, 251-272) das Leib-Seele-Problem zurück.

Gehirnzustand.[460] Da es in der physikalischen Welt weder Farben noch Gefühle und Empfindungen gibt, sondern allenfalls atomare Teilchen und Energiezustände, muß die Rede von solchen Eindrücken ganz offensichtlich unsinnig sein. Dies widerspricht jedoch allen praktischen Erfahrungen und kann auch mit Hilfe physikalischer Erklärungen nicht relativiert werden. Vielmehr zeigt sich hierdurch, daß psychische und physische Phänomene in Korrelation stehen, ohne einander ersetzen zu können; dieser Ansatz gilt auch für Nah-Todeserfahrungen.[461]

5. Teilrealistische Konzeptionen

Wie im vorhergehenden Abschnitt gezeigt wurde, lassen sich Nah-Todeserfahrungen im Rahmen naturwissenschaftlicher Ansätze nicht hinreichend erklären; insbesondere lassen sie sich nicht auf neurophysiologische Zustände reduzieren.

Wegen der offen zutage tretenden Widersprüche in den verschiedenen Experiencerberichten wird man aber auch davon Abstand nehmen, ein Erlebnis so zu akzeptieren, wie es geschildert wird. Die Rede von der „Färbung" eines NTEs ist daher allgemein akzeptiert worden. Mit dieser Annahme verbindet sich jedoch eine bestimmte ontologische Konzeption:

Demnach erlebt der Experiencer eine wie auch immer geartete metaphysische Realität, deren Struktur er durch eigenen Hintergrund ausfüllt. Somit stellen sich die *realen* Phänomene des NTEs als Variablen dar, in die die jeweilige Person ihren eigenen Inhalt einsetzt. Abgesehen von den „technischen" Problemen dieser Theorie stellt sich die Frage nach Art und Struktur der real vorhandenen Variablen. Grundsätzlich wäre denkbar, daß es sich um nur einen einzigen Platzhalter handelt, in den dann die subjektiven Jenseitsvorstellungen einfließen; es könnte aber auch für jedes einzelne Phänomen - Lichtwesen, verstorbene Verwandte, Umgebungswahrnehmung, Lebensrückschau etc. - eine spezifische Variable zur Verfügung stehen. Um die ähnliche Struktur der Nah-Todeserfahrungen zu erklären ist es jedoch notwendig, eine gewisse Anzahl von Platzhaltern anzunehmen und nicht nur eine „generelle" Variable vorauszusetzen.

Keineswegs alle Experiencer berichten aber von einer gleichen Ordnung der Erlebnisinhalte, noch weniger stimmt die Anzahl der einzelnen Elemente in den meisten Fällen überein. Sieht man einmal von Erinnerungslücken ab, die für das Fehlen bestimmter Komponenten verantwortlich gemacht werden könnten, so muß angenommen werden, daß verschiedene Personen einer unterschiedlichen Zahl und Anordnung von

---

[460] Zu einer ausführlichen Kritik Vgl. Kutschera, 1993.
[461] Zum abweisenden Verhalten wissenschaftlicher Disziplinen siehe Becker, 1993, 147-163.

„Variablen" gegenüberstehen. Der Grund hierfür könnte sowohl in den jeweiligen Erlebnisursachen als auch in bislang unbekannten bzw. metaphysischen Umständen liegen.[462]

Die bestehenden Probleme auch einer teilrealistischen Konzeption sind nicht zu leugnen. Gleichwohl handelt es sich bei diesem Ansatz um eine Modell, das sowohl die subjektiven Momente der Experiencer hinreichend berücksichtigt, als auch die offensichtlichen strukturellen Ähnlichkeiten feststellt.[463] In diesem Zusammenhang ist es schließlich unerheblich, ob man NTEs als Erlebnis oder als Erfahrung bezeichnet: Die teilrealistische Erklärung weist sowohl auf den subjektiven als auch auf den metaphysisch-objektiven Teil des Phänomens hin. Auch die alltägliche Erfahrung ist vom Erleben subjektiver Eindrücke bei der Wahrnehmung einer objektiv angenommenen Realität - der durch Sinnesorgane erfahrbaren Außenwelt - gekennzeichnet. Beim NTE läßt jedoch das Übergewicht subjektiver „Färbung" die vermuteten objektiven Grundlagen meist nur mehr als grobe Struktur erahnen.

---

[462] Serdahely (1995, 185-196) nimmt an, bei spontanen OBEs/NTEs richteten sich die Elemente des Erlebnisses nach dem, was der Experiencer zu nehmen bereit sei; dies könne auch auf jenen Teil der klinisch Toten zutreffen, die von keiner Begebenheit berichten: Ein NTE sei nicht in ihrem Interesse.

[463] Schröter-Kunhardt meint ebenfalls (1995, 45): „Die subjektive Färbung der objektiven Wahrnehmung hat also einen wahren Kern".

IV. PHILOSOPHISCHE FRAGEN

Nah-Todeserfahrungen betreffen zentrale Fragen menschlicher Existenz und wichtige religiöse Aspekte. Daneben sind medizinische, psychologische und soziologische Gesichtspunkte involviert. Es kann daher nicht verwundern, wenn hiervon zahlreiche Gebiete betroffen sind, die üblicherweise zum Kernbereich der Philosophie gehören. Nachfolgend werden einige jener Fragen angesprochen, die im besonderen Zusammenhang mit NTEs stehen.

1. Der Tod und seine Definition als „point of no return"

Deifinitonen sind *per se* willkürliche Festlegungen; die Frage des Todes macht hiervon keine Ausnahme. Im Falle des biologischen Todeszeitpunkts besteht die Schwierigkeit darin, diesen exakt zu ermitteln und geeignete Kriterien hierfür zu finden.[464] NTEs sind von dieser Festlegung insoweit betroffen, als sie sich stets vor dem „point of no return" ereignen - definitionsgemäß, denn wer den Punkt, an dem es keine Wiederkehr mehr gibt, überschritten hat, kann demnach nicht zurückkommen, um von seinem Erlebnis zu berichten. Vor allem von theologischer Seite wird daher behauptet, NTEs könnten keinen Blick in jenseitige Welten bzw. Strukturen enthalten, weil der Experiencer die Schwelle des biologischen Todes nicht hinter sich gelassen habe.[465] Diese Begründung ist jedoch nicht stichhaltig: Nimmt man beispielsweise an, der Geist bzw. die Seele des Menschen könne sich vom Körper lösen und - in bestimmten Situationen - sich an andere - „jenseitige" - Orte begeben, so ist nicht ersichtlich, weshalb dies nicht schon kurz vor dem biologischen Tod oder auch zu anderen Gelegenheiten im NTE der Fall sein sollte. Ebensowenig kann davon ausgegangen werden, daß ein Mensch nach dem Tod unmittelbar bzw. in nächster Zeit Wahrnehmungen irgendeiner Art macht, die jenseitiger Natur sind: Im frühen Hinduismus war die Vorstellung des *preta*-Status durch ein zwischenzeitliches Verweilen in irdischen Regionen gekennzeichnet. Jenseitige Welten sind schließlich nicht durch einen möglichen Zugang nach dem Tod, sondern durch ihre Transzendenz gekennzeichnet.

Die teilrealistische NTE-Konzeption ist somit von der Frage des Todeszeitpunkts und der Definition des Todes völlig unabhängig und damit auch verträglich.

---

[464] Vgl. Kap.I.1.1.
[465] Vgl. Kap.II.6.

2. Der Dualismus und das Leib-Seele-Problem

Die Phänomenologie der Nah-Todeserfahrungen legt die Vermutung nahe, ein mit dem Körper verbundener seelischer Teil verlasse beim Erlebnis den Leib, und nehme dabei auch die personale Identität des Experiencers mit sich.[466] Damit steht das NTE in einer alten philosophischen und theologischen Tradition, die von der Loslösbarkeit der Seele vom Leib ausgeht; Prof. Arthur Hoffmann ist gar der Meinung daß durch NTE-artige Erfahrungen „ein unbezweifelbarer empirischer Beweis für die Existenz einer leibgelösten Seele und ein jenseitiges Leben" vorliegt.[467]

Die Annahme zweier voneinander verschiedener Arten von Ereignissen, psychische und physische - Descartes hat die Existenz zweier totaliter unterschiedlicher Substanzen behauptet - , bringt das Problem der psychophysischen Wechselwirkung mit sich. Ohne auf die verschiedenen Lösungsansätze und Implikationen näher einzugehen[468], kann bemerkt werden, daß Nah-Todeserfahrungen während der autoskopischen Phase wie auch isolierte OBEs einen deutlichen Schatten auf dieses Problem werfen. Besonders interessant sind jene Fälle, in denen sich die vermeintlich außerkörperliche Wahrnehmung verifizieren läßt: So haben Experiencer verschiedentlich Beobachtungen gemacht, die aus ihrer Perspektive oder aufgrund ihrer körperlichen Verfassung schlichtweg nicht möglich waren. Dies ist gerade dann der Fall, wenn der Leib der betreffenden Person in *einem* Zimmer liegt, die Wahrnehmungen hingegen einen anderen Raum, eine andere Etage oder ein fremdes Gebäude betreffen; in manchen Fällen war der Experiencer gar blind.[469] Auch wenn von subjektiven Erfahrungen keine theoretischen Ableitungen erwartet werden können, legt die Phänomenologie autoskopischer Wahrnehmungen die Existenz einer vom Leib loslösbaren Seele nahe; ohne damit eine bestimmte Konzeption des Dualismus auszuzeichnen, sind die geschilderten Wahrnehmung zumindest ein Hinweis, der gegen monistische Theorien gerichtet ist.

3. Die Probleme eines „empirischen" Gottesbeweises

Gottesbeweise sind seit alters her in Betracht gezogen worden, um dem Glauben eine rationale Stütze zu verleihen. Dabei wurde versucht, mit einer an der Mathematik ori-

---

[466] In Rahmen der NTEs wurde auch die Frage gestellt, inwiefern auch Tieren, die in manchen Berichten vorkommen eine solche „Seele" zukommen könne. Vgl. Leventhal, 1992, 5.
[467] Vgl. Hoffmann, 1987, 32-41.
[468] Vgl. hierzu Kutschera, 1993, 247-269, für einen Monismus plädiert hingegen Krishnan, 1994, 137-141.
[469] Vgl. z.B. *Nah-Todeserfahrungen: Rückkehr zum Leben*, 1995, 34, Schröter-Kunhardt, 1993b, 228-229, Ring/Lawrence, 1993, 223-229 und *Vicky: A Blind Woman's Two Near-Death-Experiences*, 1994, 1, 3-8.

entierten Argumentationsfolge die Notwendigkeit der Existenz Gottes zu belegen. Obgleich sich sowohl in der logischen Konstruktion als auch bereits bei den Attributen des zu beweisenden Gottes Lücken bzw. Widersprüche gezeigt haben[470], sind Bemühungen um entsprechende Beweise auch in jüngster Zeit wieder in Erscheinung getreten.[471] Die Erfolgsaussichten einer zwingenden Beweisführung sind jedoch mager.

Umso mehr scheinen Nah-Todeserfahrungen eine willkommene Unterstützung auf diesem Gebiet zu sein. Gerade der Umstand, daß auch atheistische, areligiöse oder agnostische Personen von der Begegnung mit einem „Lichtwesen" berichten und dieses als Gott deuten, spricht für diese Annahme.[472] Nicht wenige Nah-Todesforscher und Experiencer betrachten NTEs auch aus diesem Blickwinkel.

Ganz offensichtlich kann mit dieser Auffassung von „Beweis" nicht jene Argumentationskette gemeint sein, die in Philosophie und Theologie Eingang gefunden hat. Doch kann auch die Rede von einem „empirischen Gottesbeweis" problematisch sein: Im Gegensatz zur alltäglichen Wahrnehmung ist das Erleben beim NTE mitunter durch soziokulturelle und persönliche Hintergründe „gefärbt"; dies kann auch bei einander widersprechenden Interpretationen des „Lichtwesens" der Fall sein. Weil hier also kein empirisches Beobachten im üblichen Sinn vorliegt, sollte weniger von einem empirischen Gottesbeweis, sondern besser von einem „teilempirischen Gotteshinweis" gesprochen werden.

4. Prinzipielle Probleme bei der Einordnung von Berichten

4.1. Allgemeine Schwierigkeiten

Ein grundsätzliches Problem bei der Bewertung von Nah-Todeserfahrungen stellt die immer wieder betonte Andersartigkeit des Phänomens dar. So wird die Inkompatibilität mit der hiesigen raumzeitlich strukturierten Lebenswelt betont und darauf verwiesen, daß sich das Erlebte nicht mit den herkömmlichen sprachlichen Mitteln ausdrücken ließe. Von daher ist schon bei den Schilderungen des Experiencers Vorsicht angebracht; eine wortwörtliche Wiedergabe scheint selbst für den subjektiven Eindruck problematisch zu sein.

Zu dieser Unwägbarkeit kommt die offensichtliche „Färbung" des Erlebnisinhalts durch persönliche und soziokulturelle Hintergründe; dieser Einfluß kann schon während des NTEs vermutet werden, man kann ihn aber auch erst im Zusammenhang mit

---

[470] Vgl. Kutschera, 1991, 16-61.
[471] Vgl. Löw, 1994.
[472] Vgl. Schröter-Kunhardt, 1995, 134.

der Erinnerung an die vergangene Erfahrung unterstellen. Manche Experiencer erinnern sich erst im Laufe der Zeit an Einzelheiten ihres Erlebnisses[473], das erst damit einigermaßen eingeordnet werden kann; während dieser Zeit kann es allerdings auch zu ersten Interpretationen des bereits im Gedächtnis befindlichen Inhalts kommen. Diesen ersten, womöglich schon gedeuteten Eindrücken könnten dann die nachfolgend auftretenden Erinnerungen zunehmend angepaßt werden.

Eine Grenze der „Färbung" stellen offensichtlich die metaphysischen Strukturen der Erfahrung dar; als objektive Grundlage von NTEs gewährleisten sie, daß entsprechende Erlebnisse kultur- und epochenübergreifend zwar variieren, dies aber nur innerhalb strukturell vorgegebener Variablen geschieht. Eine weitere Grenze des persönlichen und soziokulturellen Hintergrundes zeigt sich in autoskopischen Erfahrungen: Da hier ganz offensichtlich keine „Färbung" eintritt, scheint es sich um eine tatsächliche Umgebungswahrnehmung zu handeln.

Ob darüberhinaus verschiedene Färbungsgrade denkbar sind, bzw. jene auch im NTE zeitweilig ganz fehlen, kann aufgrund mangelnder Kriterien nicht entschieden werden; jedoch sprechen unterschiedliche Interpretationen beispielsweise des „Lichtwesens", die dabei mehr oder weniger, manchmal auch gar nicht von religiösen Zügen bestimmt sind, eher für eine graduelle Erlebnisfärbung.

4.2. Die Verifikationen

Es sprechen eine Reihe von Gründen für die These, daß NTEs nicht lediglich subjektive, innere Erlebnisse sind, sondern auch eine objektive Komponente erhalten. Die schon mehrfach angedeutete interpersonelle und interkulturelle Ähnlichkeit der Schilderungen gilt oftmals als Anhaltspunkt für diese Annahme.[474] Hinzu kommen die im zweiten Unterkapitel genannten Verifikationen der im OBE-Zustand gemachten Beobachtungen.

Auch der Umstand, daß Kinder Nah-Todeserfahrungen haben, wurde schon als Argument gegen die behauptete Konstruktion einer Jenseitswelt ins Feld geführt[475]; in der Tat ist die Projektion soziokultureller Vorstellungen bei Kindern am wenigsten plausibel. Auch ist nicht einsehbar, warum diese in Extremsituationen derart komplexe Erlebnisse erfinden sollten oder im OBE die Konzeption einer vom Körper losgelösten

---

[473] Vgl. Holden, 1989, 158-160.
[474] Vgl. Zaleski, 1993, 237-238. Der „Skeptiker" Kurtz (1996, 82-83) glaubt allerdings an eine gemeinsame psychische und psychologische Struktur der Menschen als Ursache hierfür; für diese Hypothese gelten jedoch die Schwierigkeiten des evolutionsbiologischen Modells. Vgl. Kap.III.4..
[475] Vgl. Serdahely, 1991, 219-224, Kellehear, 1993, 35-51, Atwater, 1996, 5-16.

Seele an den Tag legen sollten. Einwände der Art, es handle sich um ein angeborenes Reaktionsmuster haben sich schon in Kap.III.4. als unbrauchbar gezeigt.

Gegen die These, das NTE stelle lediglich eine Projektion persönlicher und soziokulturell geprägter Erwartungen und Wünsche dar, spricht schon die Phänomenologie der Nah-Todeserfahrungen: Oft stimmt das Erlebte nicht mit den eigenen bzw. sozial konditionierten Erwartungen überein.[476] Auch der Umstand, daß zahlreiche Wahrnehmungen Momente des Überraschtseins aufweisen, spricht gegen eine reine Subjektivität der Erlebnisse: So werden etwa im OBE der eigene Körper, beim NTE die Umgebung oder bei der Begegnung mit verstorbenen Verwandten jene von ihnen mit Verwunderung aufgenommen, deren Ableben bislang unbekannt war.[477]

Auch die schon im Zusammenhang mit einem OBE auftretenden außerordentlichen Gefühlswahrnehmungen heben diesen Erfahrungstyp von Wunschträumen und Projektionen ab. Tiberi stellt denn auch jene emotionalen Erlebnisse in den Zusammenhang mit der Perzeption einer metaphysischen Struktur.[478] Er vergleicht diese Eindrücke mit mystischen Erlebnissen, bei denen ebenfalls ein schlummerndes Potential geweckt würde; durch den vorausgesetzten gestoppten Informationsfluß aus dem Gehirn sei das Bewußtsein hierbei nicht abgekoppelt, sondern vielmehr gesteigert.[479]

Neben den emotionalen Wahrnehmungen **im OBE/NTE** sprechen auch die **nach** einem Nah-Todeserlebnis typischen Persönlichkeitsveränderungen gegen eine Gleichsetzung mit Träumen, Halluzinationen und anderen rein subjektiven Erfahrungen.[480] Viele Experiencer haben nach ihrer Erfahrung zudem ein Bedürfnis, sich anderen mitzuteilen.[481] Problematischer ist hingegen die Feststellung auch physischer Veränderungen, die zwar nicht durchweg, jedoch gelegentlich behauptet werden.[482]

Die positiven Veränderungen bleiben jedoch nicht auf die jeweilige Person beschränkt: Bei Personen etwa, die sich mit dem Nah-Todesphänomen beschäftigen, zeigen sich

---

[476] Vgl. Zaleski, 1993, 238-239.
[477] Vgl. Gibbs, o.D., 2-29.
[478] Vgl. Tiberi, 1993, 149-170.
[479] Vgl. Tiberi, 1996, 55-69.
[480] Diese als *aftereffects* bekannten Veränderungen des Experiencers sind gut dokumentiert, Vgl. z.B. Morse/Perry, 1994, 286, Wheeler, 1982, 23-28, Sutherland, 1995, 94-111, Lundahl, 1993, 5-16, Atwater, 1994, 127-139 sowie einen statistischen Überblick bei Ring, 1984, 282-298. Die grundsätzliche Zufriedenheit mit dem Leben scheint jedoch gleichzubleiben. Vgl. Greyson, 1994, 103-108. Zu möglichen positiven Auswirkungen einer Rückerinnerung an das NTE unter Hypnose siehe Holden, 1996, 273-280.
[481] Vgl. Hoffman, 1995, 29-48 und 237-266.
[482] Vgl. Atwater, 1994, 140-153.

ebenfalls Auswirkungen, so zum Beispiel eine reduzierte Angst vor dem Sterben.[483] Aus diesem Grund wurden NTEs auch mit Erfolg in die Therapie von Suizidpatienten miteinbezogen.[484]

5. Spezielle Probleme bei einzelnen Aspekten

Beim Nah-Todeserlebnis macht der Experiencer, der sich vom Körper entfernt wähnt, eine Vielzahl von Beobachtungen, für die er üblicherweise bestimmte Sinnesorgane benötigt; besonders deutlich ist dies bei autoskopischen Wahrnehmungen, die dann auch nicht mehr als inneres Erlebnis abgetan werden können. Manche Experiencer sind in der Lage, die physische Umgebung vollständig und richtig zu beschreiben, Schriften zu lesen oder Zeitabläufe wiederzugeben; es besteht jedoch ein Zusammenhang mit dem Alter, der OBE-Dauer oder auch der Medikamenteneinwirkung während der Erfahrung.[485] Schon in diesen Fällen - und erst recht bei kurzsichtigen oder üblicherweise blinden Personen - stellt sich die Frage einer Wahrnehmung ohne Körperorgane. Das ohnehin schon bestehende Leib-Seele-Problem erhält dadurch eine zusätzliche, das Verständnis erschwerende Komponente. Erst gar kein Sinnesorgan besitzt der Mensch, um die Gefühle von Mitmenschen unmittelbar nachzuempfinden. Gleichwohl berichten viele Experiencer, sich im Rahmen des Lebensrückblicks in die emotionale Lage andere versetzt zu haben.[486]

Nimmt man weiter an, daß der Experiencer für die „Färbung" des NTEs Erinnerungen aus der Vergangenheit verwendet, so liegt es nahe, diese gespeicherten Eindrücke im Gedächtnis der jeweiligen Person zu vermuten. In diesem Falle müßten jene Informationen - wie in einem normalen Erinnerungsvorgang auch - in irgendeiner Weise in das Bewußtsein des Experiencers gelangen. Hierfür könnte eine wie auch immer geartete Verbindung angenommen werden, die schließlich beim Erreichen des biologischen Tods „getrennt" würde. Das Gedächtnis spielt auch dann eine Rolle, wenn es um die Identität des Experiencers oder die Wiedererinnerung an konkrete Szenen des früheren Lebens geht. Lokalisiert man jene gespeicherten Eindrücke im Gehirn, so ergibt sich das Problem einer Übertragung; sieht man die betreffenden Erinnerungen aber als Bestandteil des „geistigen" Anteils, so stellt sich die Frage nach der Funktion zahlreicher neuronaler Strukturen. Eine sowohl-als-auch-Position kann schließlich ebensowenig zur Klarheit beitragen. Auch wenn diese Frage angesichts des schon bestehenden Leib-

---

[483] Vgl. Ring, 1995, 223-235.
[484] Vgl. McDonagh, 1979 und Moody, 1989b, 107-109.
[485] Vgl. Holden, 1988, 107-120.
[486] Vgl. Kap.II.1.6.

Seele-Problems grundsätzlich keine neuen Gräben aufreißt, darf sie aus weitergehenden Überlegungen nicht ausgeklammert werden.

Nicht nur direkte und erinnerte Wahrnehmungen und Eindrücke werfen metaphysische Fragen auf. Dies gilt auch für eine Reihe anderer Elemente des Nah-Todeserlebnisses. So erfährt etwa die Lebensrückschau eines Experiencers mitunter moralische Bewertungen; manche Personen glauben gar, bestimmte „Lehren" vom Lichtwesen erhalten zu haben.[487]

In eine andere Richtung ging Ring, als er 1984 ausführlich von Visionen berichtete, die manche Experiencer von ihrem zukünftigen Leben gehabt haben wollen.[488] Der Grund für die weitgehend unkritische Akzeptanz solcher Berichte kann darin gesehen werden, daß man die Experiencer in einer „Region" vermutete, die von Raum und Zeit abgekoppelt ist; in analoger Weise wurde auch in philosophischen und theologischen Diskussionen angenommen, ein allwissender Gott befinde sich außerhalb der Zeit, und sei nicht etwa aktuellem Geschehen verhaftet. Auf den ersten Blick erscheint daher die *grundsätzliche* Möglichkeit solcher „Wahrnehmungsmöglichkeiten"[489] durchaus denkbar; berücksichtigt man jedoch den Umstand, daß es sich bei den Erlebnisberichten meist um „gefärbte" Schilderungen handelt, in denen auch Zukunfts*hoffnungen* einfließen können, so wird man die Lage etwas kritischer betrachten müssen. Gerade bei Prognosen, die die eigene Zukunft betreffen ist zudem die Gefahr gegeben, daß der jeweilige Experiencer aktiv an der Erfüllung dieser Voraussagen arbeitet; der Unterschied zu einem ganz gewöhnlichen Ziel, das gesetzt und schließlich verwirklicht wurde, verschwindet so.

Eine Verifikation von Zukunftsvisionen könnte sich allenfalls in spezifischen Prognosen zeigen, die beispielsweise globale Entwicklungen betreffen. Ring zögerte nicht, auch diesem Gedanken ein eigenes Kapitel zu widmen.[490] Die Vorhersagen sind dabei ganz unterschiedlich: Sie betreffen den Ausbruch von Vulkanen, Erdbeben, Naturkatastrophen, Hungersnöte und Nuklearkriege; daneben ist auch von einer „Ära der Brüderlichkeit" die Rede und von einem Frieden, der die Welt umspannen wird. In den geschilderten Fällen stellt sich das Szenario zudem als ein nicht abwendbares dar. Aufgrund der oftmals angegebenen Jahreszahl[491] des vorhergesehenen Ereignisses

---

[487] So präsentiert Rogers, 1995 ein ganzes Buch mit teilweise banalen oder inkosistenten „Lehren".
[488] Vgl. Ring, 1984, 159-186. Andere Experiencer wollen ungeborene Kinder gesehen haben und schließen daher auf eine Präexistenz der Seele. Vgl. Lundahl, 1993, 171-179.
[489] Manche Experiencer glauben, Zugang zu „absolutem" Wissen gehabt zu haben. Vgl. Ring, 1984, 192.
[490] Vgl. Ring, 1984, 187-212.
[491] Zumeist sollten sich die Vorhersagen in den achtziger Jahren erfüllen.

kann jenen Visionen dennoch eine Gemeinsamkeit zugeordnet werden: Keine der Prophezeihungen hat sich erfüllt.

Von manchen Experiencern wurde schließlich berichtet, sie hätten während ihrer Erfahrung Zugang zu umfassenden Wissen gehabt, könnten nun aber nicht darauf zurückgreifen. Ungeachtet der grundsätzlichen Problematik, die der der Prophezeihungen ähnlich ist, finden sich dergleichen Schilderungen auch in religiöser Literatur[492]; auch der Soldat *Er* bei Plato berichtete vom Fluß des Vergessens (Lethe), aus dem die im Jenseits angetroffenen Personen vor ihrer Wiedergeburt getrunken hatten, was ihm aber verwehrt wurde.[493]

6. Erkenntnistheoretische Fragen

Mit der Einordnung von Nah-Todeserlebnissen wird, unabhängig vom jeweiligen Standpunkt, eine Grundsatzentscheidung getroffen: Es geht dabei um die Frage, welche Erfahrungen - alltägliche, Träume, NTEs, Halluzinationen, bewußte Erinnerungen und Vorstellungen - als wirklich und gültig zum Gewinn von Erkenntnis erachtet werden. In höher entwickelten Kulturen herrscht bekanntlich die Auffassung vor, nur jene Erfahrungen, die mit der physischen Welt korrespondieren seien ein reales Abbild der Wirklichkeit. Diese Auffassung ist in primitiven Kulturen nicht zwingend: So muß etwa bei den Tscherokesen ein Mann, der geträumt hat, er sei von einer Schlange gebissen worden, sich gleichwohl einer Behandlung unterziehen, wie wenn er tatsächlich verletzt worden wäre.[494] Die Kontrastierung zwischen alltäglichen, realen Erfahrungen und subjektiven, keine Wirklichkeit beanspruchenden Erlebnissen, wie sie heute als selbstverständlich gilt, ist nicht zuletzt wegen der allgemeinen Verläßlichkeit der „normalen" Erfahrung erfolgt; aus diesem Grund sind auch die als rein subjektiv erachteten Erlebnisse als unbedeutend, wenn nicht unerwünscht eingestuft worden. Würde man zur Wahrnehmungsweise zurückkehren, die den frühen Menschen gekennzeichnet hat und alle Arten der Erfahrung gleichberechtigt nebeneinanderstellen, so würde sich eine für uns chaotisch und inkonsistent erscheinende Situation darbieten; ein Ergebnis, das wohl zur Ablehnung dieses Erfahrungsmodells führen würde. Wir haben aber kein Kriterium, das uns mit letzter Gewißheit erlaubt, eine Welt anzunehmen, deren Erscheinungen konstant und verläßlich sind; jede Konzeption von Realität muß daher auf intuitive Entscheidungen zurückgreifen. Diese mögen im allgemeinen

---

[492] Vgl. Zaleski, 1993, 202-205.
[493] Vgl. Murphet, 1991, 58.
[494] Vgl. Kutschera, 1991, 145.

unproblematisch erscheinen; im vorliegenden Zusammenhang muß aber auf die Grundsätzlichkeit dieser Entscheidung hingewiesen werden.

Konstanz und Verläßlichkeit wird auch angenommen, wenn Nah-Todeserfahrungen als Beweis für ein Leben nach dem Tod eingeschätzt werden. Auch wenn die Phänomenologie der NTEs solchen Vermutungen nicht gerade entgegensteht, muß doch betont werden, daß diesbezüglich eine gewisse Konstanz vorausgesetzt wird. Grundsätzlich sind aber ganz verschiedene Szenarien davon denkbar, was geschehen könnte, wenn ein Experiencer auch die Schwelle des biologischen Todes überschreitet; selbst ein sich anschließendes Dasein in jenseitigen Welten beinhaltet nicht zwingend dessen unendliche Dauer. An dieser Stelle muß auf Descartes verwiesen werden, der, nachdem er die Verschiedenheit von Körper und Seele dargelegt hatte, seine *Meditationes* auch als Beweis für die Unsterblichkeit der Seele sah. Diese Folgerung war freilich nicht haltbar; in einem Brief an Pater Mersenne mußte Descartes daher zugestehen:

„*Wenn Sie sagen, ich hätte die Unsterblichkeit der Seele mit keinem Wort erwähnt, so darf Sie das nicht verwundern. Denn ich wäre gar nicht imstande zu beweisen, daß Gott sie nicht vernichten könne, sondern nur, daß sie eine ganz andere Natur hat als der Körper und daher nicht das natürliche Schicksal hat, mit ihm zu sterben.*"[495]

Die Überbrückung fehlender Kriterien durch intuitive Schlußfolgerungen ist gerade in solchen Fällen verbreitet, die menschliche Grenzsituationen - wie etwa Nah-Todeserfahrungen - bezeichen. Dieses Problem stellt sich jedoch keineswegs nur bei existenziellen Fragen und Grenzphänomenen: Auch wissenschaftliche Forschung ruht auf Fundamenten, die letztendlich nicht mehr rational begründbar, sondern intuitiv zu entscheiden sind.[496] Ähnlich trifft dies auf viele Bereiche menschlichen Lebens zu. Aus diesem Grund sind intuitive Annahmen und Schlußfolgerungen nicht etwa die Ausnahme vom vernünftigen Denken, die möglichst zu vermeiden wäre; vielmehr sind sie die Grundlagen und Begleitung auch rationaler Entscheidungen. Mit Hilfe dieser Werkzeuge erst kann eine ausgewogene Interpretation der Nah-Todesphänomene erfolgen. Die Wissenschaft kann sich bei dieser Untersuchung auch der Frage eines Lebens nach dem Tod nicht einfach verschließen.[497]

---

[495] Meditationen über die Erste Philosophie, Reclam-Ausgabe von 1991, 219.
[496] Zur Frage von Gewißheit und Wahrheit Vgl. Kutschera, 1982, 1-78.
[497] Vgl. Stevenson, 1979, 267.

V. SCHLUßBETRACHTUNG

Nah-Todeserfahrungen zeigen sich auf den ersten Blick als ambivalente Erscheinung: Einerseits geht von ihnen eine gewisse Faszination aus, eine Hoffnung, Einblick in jenseitige Welten zu erhalten. Andererseits legen die verschiedenen Schilderungen eine Widersprüchlichkeit an den Tag, die zusammen mit der offensichtlichen persönlichen Prägung dafür sprechen, daß es sich bei diesen Erlebnissen allenfalls um eine eindrucksvolle Halluzination handelt.

Es gibt zahlreiche Hinweise, daß NTE-artige Erfahrungen schon immer ein Begleiter des Menschen waren; ihr Einfluß auf religiöse Vorstellungen und Jenseitskonzeptionen wird in vielen Kulturen offenbar. Im Zuge der aufkommenden Naturwissenschaften und ihrem Erklärungsanspruch wurden jene Erlebnisse schließlich zurückgedrängt. Ihre Phänomenologie war nur schwer mit den neuen Rationalitätsstandards in Einklang zu bringen. Allenfalls im Rahmen religiöser Mystik oder im Volksglauben konnten sie noch auf Anerkennung hoffen.

Die Situation änderte sich trotz und gerade wegen der naturwissenschaftlichen Entwicklungen: Klinisch tote und später reanimierte Personen berichteten über Erlebnisse zum Zeitpunkt ihrerer kritischen Lage. Nachdem einige von ihnen ein Sprachrohr gefunden hatten und die Berichte publik geworden waren, überwanden auch andere ihre Hemmungen: Mehr und mehr Experiencer berichteten von ihrer eigenen Erfahrung.

Seit diesem Durchbruch sind gut zwei Jahrzehnte vergangen; eine Vielzahl von Arbeiten zu NTEs sind bislang erschienen. Auf dieser Grundlage ist es mittlerweile möglich, einen ungefähren Überblick über die Natur der Nah-Todeserfahrungen und ihre religiöse Dimension zu gewinnen. Ziel dieser Arbeit war, diese weitgehend unbekannte Beziehung darzustellen.

Die entscheidenden Schlußfolgerungen, die aus der Untersuchung von Nah-Todeserfahrungen hervorgehen, betreffen zunächst die Entwicklung der Religionen: Während vielfach Tendenz besteht, mystische und außergewöhnliche Schilderungen in religiösen Quellen einer vermeintlich rationalen Erklärung zuzuführen, weisen die Erkenntnisse der Nah-Todesforschung in die entgegengesetzte Richtung.

Daß Forscher und Experiencer von bestimmten religiösen Vorstellungen und Zielen beeinflußt sind, und dies in der Literatur Niederschlag findet, war nicht verwunderlich. Daß im Zusammenhang religionsgeschichtlicher Entwicklung dieser Hintergrund bedeutsame Auswirkungen haben konnte - vor allem bei den monotheistischen Religionen - ergibt sich allerdings erst bei näherer Betrachtung. Diesem Einfluß muß künftig mehr Beachtung geschenkt werden, auch wenn man die Geschichte der Religionen deshalb nicht zur Geschichte der Nah-Todeserfahrungen umschreiben wird müssen.

Bei der Explikation der NTEs hat sich der teilrealistische Ansatz ungeachtet seiner Probleme als bestes Modell herausgestellt. Im Hinblick auf die historischen Entwicklung in den einzelnen Religionen legt er eine Relativierung des Wahrheitsanspruchs zugunsten einer universalen (teil-)realen Basis der Glaubenssysteme nahe, ohne deren Bedeutung dabei zu versubjektivieren oder nur mehr funktionalistisch zu werten.

Die angenommene reale Basis offenbart sich beim Nah-Todeserlebnis in seiner Struktur. Augenscheinlich sind dabei die beibehaltene Identität des Experiencers, die angetroffene „bewohnbare Welt"[498], das Wiedersehen von verstorbenen Personen, das Antreffen einer als „Lichtwesen" charakterisierten Gestalt sowie die vorgefundene emotionale Stimmung.

Auch wenn der teilrealistische Ansatz die Beschaffenheit der vermuteten Struktur letztlich nicht offenlegen kann, so ergeben die „gefärbten" Variablen des NTEs doch einen gewissen Hinweis darauf, was sich hinter den vielgestaltigen Phänomenen des Erlebnisses verbergen könnte. Die Interpretation der Nah-Todeserfahrungen bleibt jedoch eine individuelle Aufgabe, die auch religiöse Vorstellungen und philosophische Überlegungen miteinschließen kann. Erst in diesem größeren Zusammenhang kann die persönliche Bedeutung jener Erlebnisse ermessen werden, die ein alter und treuer Begleiter des Menschen sind, und doch erst vor kurzem entdeckt wurden.

---

[498] Vgl. Zaleski, 1993, 307-311.

VI. LITERATURVERZEICHNIS:

1. Allgemeine Literatur

Abanes, Richard. *Journey into the light: Exploring near-death experiences*. Grand Rapids, MI: Baker Books, 1996.

Atwater, P.M.H. „*Is There a Hell? Surprising Observations About the Near-Death-Experience*". JNDS 10 (3) (Spring 1992): 149-160.

Atwater, P.M.H. „*A Call to Reconsider the Field of Near-Death Studies*". JNDS 14 (1) (Fall 1995): 5-15.

Atwater, P.M.H. „*Children and the Near-Death Phenomenon: Another Viewpoint*". JNDS 15 (1) (Fall 1996): 5-16.

Atwater, P.M.H. *Beyond the light*. New York, NY: Avon Books, 1994.

Bache, Christopher M. „*A Perinatal Interpretation of Frightening Near-Death Experiences: A Dialogue with Kenneth Ring*". JNDS 13 (1) (Fall 1994): 25-45.

Bache, Christopher M. „*Expanding Grof's Concept of the Perinatal: Deepening the Inquiry into Frightening Near-Death Experiences*". JNDS 15 (2) (Winter 1996): 115-139.

Bachl, Gottfried. *Die Zukunft nach dem Tod*. Freiburg [u.a.]: Herder, 1985.

Bailey, Lee W. und Jenny Yates. *The Near-Death Experience: A Reader*. New York [u.a.]: Routledge, 1996.

Bakkensen, Helen R. *The Making of a Mystic*. Salem, OR: Craftsman Press, 1992.

Barnett, Linda. „*Hospice Nurse's Knowledge and Attitudes Toward the Near-Death Experience*". JNDS 9 (4) (Summer 1991): 225-232.

Basil, Robert. „*The Popular Appeal of the Near-Death Experience*". JNDS 10 (1) (Fall 1991): 61-68.

Basterfield, Keith. „*Comment on Stuart Twemlow's `Misidentified Flying Objects? An Integrated Psychodynamic Perspective on Near-Death Experiences and UFO Abductions'*". JNDS 12 (4) (Summer 1994): 225-227.

Batey, Boyce. „*The Near-Death Experience as a Call to an Expanded Consciousness*". The Journal of Religion and Psychical Research 19 (1) (January 1996): 21-25.

Batey, Boyce. „*The Near-Death Experience as a Call to an Expanded Consciousness, Part II*". The Journal of Religion and Psychical Research 19 () (April 1996): 63-67.

Blackmore, Susan J. „*Near-Death Experiences in India: They Have Tunnels Too*". JNDS 11 (4) (Summer 1993): 205-217.

Becker, Carl B. *Paranormal Experience and Survival of Death*. Albany, NY: State University of New York Press, 1993.

Becker, Carl B. „*A Philosopher's View of Near-Death Research*". JNDS 14 (1) (Fall 1995): 17-27.

Boykoff Schoenbeck, Susan und Gerald D. Hocutt. „*Near-Death Experiences in Patients Undergoing Cardiopulmonary Resuscitation*". JNDS 9 (4) (Summer 1991): 211-218.

Brodsky, Beverly. „*Reflections*". VS 1 (2) (April-June 1992): 1-2, 10-11.

Burke, Mary Carol. *Near-Death-Experiences*. Forschungsarbeit zur Erlangung des *Degree of Master of Arts in Interdisciplinary Studies* an der Universität in Dallas/Texas, 1994.

Bush, Nancy Evans. „*The Paradox of Jonah: Response to 'Solving the Riddle of Frightening Near-Death Experiences'*". JNDS 13 (1) (Fall 1994): 47-54.

Bush, Nancy Evans. „*On Using the Light as Shark Bait*". VS 13 (1) (Winter 1994): 5.

Bush, Nancy Evans. „*Star Trek and the Elephant in the Universe*". VS 15 (3) (Summer 1996): 1, 12-14.

Descartes, René. *Meditationen über die Erste Philosophie*. Übs. Gerhardt Schmidt (Hg.). Stuttgart: Reclam, 1991.

Die Welt des Unerklärlichen. Rastatt: Moewig, 1994.

Eadie, Betty with Curtis Taylor. *Embraced by the Light*. New York [u.a.]: Bantam Books, 1994.

Eiff, August Wilhelm von. „*Tod und Sterben: Aspekte der Medizin*". Sterben Tod und Auferstehung: Ein interdisziplinäres Gespräch. Hg. Peter Hünermann. Düsseldorf: Patmos, 1984, 28-44.

Ellwood, Gracia Fay. „*Distressing Near-Death Experiences as Photographic Negatives*". JNDS 15 (2) (Winter 1996): 83-114.

Elsaesser Valarino, Evelyn. *Erfahrungen an der Schwelle des Todes: Wissenschaftler äußern sich zur Nahtodeserfahrung*. Genf [u.a.]: Ariston Verlag, 1995.

„*Encyclopedia Britannica To Include Near-Death Experiences, Part II*". VS 1 (2) (April-June 1992): 4.

„*Encyclopedia Britannica To Include Near-Death Experiences, Part III*". VS 1 (3) (August-September 1992): 8, 15.

„*Encyclopedia Britannica To Include Near-Death Experiences, Part IV (conclusion)*".VS 1 (4) (November/December 1992): 5,7.

Gabbard, Glen O. und Stuart W. Twemlow. „*Do 'Near-Death Experiences' Occur Only Near Death? - Revisited*". JNDS 10 (1) (Fall 1991): 41-47.

Gallup, George Jr. und William Proctor. *Begegnungen mit der Unsterblichkeit: Erlebnisse im Grenzbereich zwischen Leben und Tod.* Übs. Wolfgang Crass. Augsburg: Weltbild Verlag, 1995.

Gibbs, John C. „*Moody's Versus Siegel's Interpretation of the Near-Death Experience: An Evaluation Based on Recent Research.*" Anabiosis-The Journal for Near-Death Studies 5 (2) (1986): 67-82.

Gibbs, John C. „*Surprise-and discovery?-in the Near-Death Experience*". Unveröffentlichte Korrekturvorlage für den JNDS, 1996.

Gibson, Arvin S. *Echoes From Eternity.* Bountiful, UT: Horizon Publishers & Distributors, 1993.

Gibson, Arvin S. „*Near-Death Experience Patterns From Research in the Salt Lake City Region*". JNDS 13 (2) (Winter 1994): 115-127.

Glasenapp, Helmuth von. *Glaube und Ritus der Hochreligionen in vergleichender Übersicht.* Frankfurt a. M. [u.a.]: Fischer, 1960.

Glasenapp, Helmuth von. *Die fünf Weltreligionen: Brahmanismus, Buddhismus, chinesischer Universismus, Christentum, Islam.* München: Diederichs, 1989.

Glenn, Roberts und John Owen. *The Near-death Experience.* British Journal of Psychiotry 153 (1988), 607-617.

Gibson, Arvin S. „*Commentary on 'Frightening Near-Death Experiences*". JNDS 15 (2) (Winter 1996): 141-148.

Gómez-Jeria, Juan S. „*A Near-Death Experience Among the Mapuche People*". JNDS 11 (4) (Summer 1993): 219-222.

Gómez-Jeria, Juan S. und Juan C. Saavedra-Aguilar. „*A Neurobiological Model for Near-Death Experiences. II: The Problem of Recall of Real Events*". JNDS 13 (2) (Winter 1994): 81-89.

Gómez-Jeria, Juan S. und Carlos Madrid Aliste. „Evolution and the Relationship Betweeen Brain and Mind States". JNDS 14 (4) (Summer 1996): 251-272.

Gotlib, David. „Comments on Twemlow's Article". JNDS 12 (4) (Summer 1994): 229-233.

Green, Timothy J. „Lucid Dreams as One Method of Replicating Components of the Near-Death Experience in a Laboratory Setting". JNDS 14 (1) (Fall 1995): 49-59.

Greenberg, Jeff. „Exploring the Nature of Mortality Salience Effects: Consciosness, Affect and Attention to the Problem of Death". Übs. Maria McCleskey. Beiträge zur Thanatologie, Heft 1: 11-21. Johannes Gutenberg-Universität Mainz, 1995.

Greene, Gordon F. „Homer's Odysseus as an Ecstatic Voyager". JNDS 14 (4) (Summer 1996): 225-250.

Greyson, Bruce. „Near-Death Experience and Satisfaction with Life". JNDS 13 (2) (Winter 1994): 103-108.

Greyson, Bruce und Ian Stevenson. „The Phenomenology of Near-Death Experiences". American Journal for Psychiatry 137 (10) (October 1980): 1193-1196.

Greyson, Bruce und Nancy Evans Bush. „Distressing Near-Death Experiences". Psychiatry 55 (February 1992): 95-110.

Grip, Göran. Everything Exists. Übs. Göran Grip. Stockholm: Bokförlaget Forum, 1994.

Groothius, Douglas. „To Heaven and Back? Betty Eadie died, met Jesus, and came back to tell us. So what's the problem? Plenty." . VS 14 (4) (Fall 1995): 4-7.

Grosso, Michael. „The Myth of the Near-Death Journey". JNDS 10 (1) (Fall 1991): 49-60.

Gruhl, Herbert, Hg. Glücklich werden die sein...: Zeugnisse ökologischer Weltsicht aus vier Jahrtausenden. Düsseldorf: Erb, 1984.

Guggenheim, Bill und Judy Guggenheim. Hello From Heaven! A new field of research confirms that life and love are eternal. Longwood, FL: The ADC Project, 1995.

Harpur, Tom. „Passage to Paradiese: Visions of Heaven Have Changed." VS 13 (3) (Summer 1994): 1-3.

Harris, Barbara. „Kundalini and Healing in the West". JNDS 13 (2) (Winter 1994): 75-79.

Hierzenberger, Gottfried. *Erkundungen des Jenseits: Der Blick auf die andere Seite der Wirklichkeit.* Wien [u.a.]: Herder, 1988.

Hoff, Johannes. *„Das eigene Sterben ist unverletzlich ".* Süddeutsche Zeitung 261 (12./13.11.1994).

Hoffman, Regina M. *„Disclosure Needs and Motives After a Near-Death Experience ".* JNDS 13 (4) (Summer 1995): 237-266.

Hoffman, Regina M. *„Disclosure Habits After Near-Death Experiences: Influences, Obstacles, and Listener Selection ".* JNDS 14 (1) (Fall 1995): 29-48.

Hoffmann, Arthur. *„Das Leib-Seele-Problem: Die Sterbeerfahrung als möglicher Beitrag zur Bewältigung des Leib-Seele-Problems ".* Evangelium und Wissenschaft, Beiheft 2 (Dezember 1987): 32-41.

Hoheisel, Karl. *„ Tod und Jenseits im außerbiblischen Judentum des Orients ".* Tod und Jenseits im Glauben der Völker. Hg. Hans-Joachim Klimkeit. Wiesbaden: Harrassowitz, 1978: 97-109.

Holden, Janice Miner. *„ Visual Perception During Naturalistic Near-Death Out-of-Body Experiences. "* JNDS 7 (2) (Winter 1988): 107-120.

Holden, Janice Miner. *„Unexpected Findings in a Study of Visual Perception During the Naturalistic Near-Death Out-of-Body Experience ".* JNDS 7 (3) (Spring 1989): 155-163.

Holden, Janice Miner. *„Life Review in a Non-Near-Death-Episode: A Comparison with Near-Death Experiences ".* The Journal of Transpersonal Psychology 22 (1) (1990): 1-16.

Holden, Janice Miner. *„Effect on Emotional Well-Being of Hypnotic Recall of the Near-Death Experience ".* JNDS 14 (4) (Summer 1996): 273-280.

Hutton Moor, Linda. *„An Assessment of Physician's Knowledge of and Attitudes Toward the Near-Death Experience ".* JNDS 13 (2) (Winter 1994): 91-102.

Irwin, Harvey J. *„ The Near-Death Experience as a Dissociative Phenomenon: An Empirical Assessment ".* JNDS 12 (2) (Winter 1993): 95-103.

Jones, Fowler C. *„Misidentified Flying Objects? A Critique ".* JNDS 12 (4) (Summer 1994): 235-243.

Jourdan, Jean-Pierre. *„Near-Death and Transcendental Experiences: Neurophysiological Correlates of Mystical Traditions ".* JNDS 12 (3) (Spring 1994): 177-200.

„*Journal Article Reports NDEs Among Chinese Earthquake Survivors*". VS 1 (3) (March/April 1993): 5.

Kaldewey, Rüdiger und Franz W. Niehl (Hg.). *Möchten Sie unsterblich sein? Ein Lesebuch*. München: Kösel, 1992.

Kason, Yvonne. „*Near-Death Experiences and Kundalini Awakening: Exploring the Link*". JNDS 12 (3) (Spring 1994): 143-157.

Kazanis, Deno. „*The Physical Basis of Subtile Bodies and Near-Death Experiences*". JNDS 14 (2) (Winter 1995): 101-116.

Kellehear, Allan. „*Death and Renewal in* The Velveteen Rabbit [i.Orig. kursiv]. *A Sociological Reading*". JNDS 12 (1) (Fall 1993): 35-51.

Kellehear, Allan u.a. „*The Absence of Tunnel Sensations in Near-Death Experiences from India*". JNDS 13 (2) (Winter 1994): 109-113.

Kenneth, Arnette. „*The Theory of Essence. II. An Electromagnetic-Quantum Mechanical Model of Interactionism*". JNDS 14 (2) (Winter 1995): 77-99.

Kieffer, Gene (Hg.). *Kundalini for the New Age: Selected Writings by Gopi Krishna*. New York, NY [u.a.]: Bantam Books, 1988.

Kieffer, Gene. „*Kundalini and the Near-Death Experience*". JNDS 12 (3) (Spring 1994): 159-176.

Klimkeit, Hans-Joachim. „*Der iranische Auferstehungsglaube*". Tod und Jenseits im Glauben der Völker. Hg. Hans-Joachim Klimkeit. Wiesbaden: Harrassowitz, 1978: 62-76.

Klinkenborg, Verlyn. „*At the Edge of Eternity*". Life (March 1992): 64-73.

Krabbe, Roland. „*Auferstehung: Und was dann?*". Weltbild 8 (29. März 1996): 10-12.

Krishnan, V. und Kenneth Arnette. „*Letters to the Editor*". JNDS 13 (2) (Winter 1994): 137-141.

Kübler-Ross, Elisabeth. *Interviews mit Sterbenden*. 5.Aufl. Stuttgart [u.a.]: Kreuz-Verlag, 1976.

Kübler-Ross, Elisabeth. *Verstehen was Sterbende sagen wollen: Einführung in ihre symbolische Sprache*. 3.Aufl. Stuttgart: Kreuz-Verlag, 1990.

Kübler-Ross, Elisabeth. *Über den Tod und das Leben danach*. 16. Aufl. Neuwied: Verlag „Die Silberschnur" GmbH, 1994.

Küng, Hans. *Ewiges Leben?* München: Piper&Co, 1982.

Kurtz, Paul „*Neospiritualismus, Religion und das Paranormale*". Übs. Fabian Lischka. Skeptiker 9 (3) (1996): 80-87.

Kutschera, Franz von. *Grundfragen der Erkenntnistheorie*. Berlin [u.a.]: de Gruyter, 1982.

Kutschera, Franz von. *Vernunft und Glaube*. Berlin [u.a.]: de Gruyter, 1991.

Kutschera, Franz von. *Die falsche Objektivität*. Berlin [u.a.]: de Gruyter, 1993.

Lawson, Alvin H. „*Response to the Twemlow Paper*". JNDS 12 (4) (Summer 1994): 245-265.

Leben nach dem Leben. Videokassette. EuroVideo Nr. 19148. o.O., o.D.

Leighton, Sally M. „*God and the God-Image: An Extended Reflection*". JNDS 9 (4) (Summer 1991): 233-246.

Leventhal, Alan. „*Do Animals have Souls?*". VS 1 (2) (April-June 1992): 5.

Loerzer, Sven und Monika Berger. *Berichte aus dem Jenseits: Vom Leben nach dem Tod*. Augsburg: Pattloch, 1990.

Löw, Reinhard. *Die neuen Gottesbeweise*. Augsburg: Pattloch, 1994.

Lorimer, David. *Die Ethik der Nah-Todeserfahrungen*. Übs. Christian Stahlhut. Frankfurt a. M. [u.a.]: Insel, 1993.

Luciani, Vincent. *Life after Life-After-Life*. JNDS 11 (3) (Spring 1993): 137-148.

Lundahl, Craig R. „*Near-Death Visions of Unborn Children: Indications of a Pre-Earth Life*". JNDS 11 (2) (Winter 1992): 123-128.

Lundahl, Craig R. „*Otherworld Personal Future Revelations in Near-Death Experiences*". JNDS 11 (3) (Spring 1993): 171-179.

Lundahl, Craig R. „*Lessons from Near-Death Experiences for Humanity*". JNDS 12 (1) (Fall 1993): 5-16.

Lundahl, Craig R. „*The Near-Death Experience: A Theoretical Summarization*". JNDS 12 (2) (Winter 1993): 105-118.

Lundahl, Craig R. und Harald A. Widdison. „*Sozial Positions in the City of Light*". JNDS 11 (4) (Summer 1993): 231-238.

Mann, Ulrich. *Einführung in die Religionsphilosophie*. Darmstadt: Wissenschaftliche Buchgesellschaft, 1970.

McDonagh, John. *Bibliotherapy with suicidal patients.* Paper für die 87. Jahresversammlung der American Psychological Association im September 1979 in New York City, o.D.

Meckelburg, Ernst. *Hyperwelt: Erfahrungen mit dem Jenseits.* München: Langen Müller, 1995.

Meisig, Konrad. *„Hinduistische Vorstellungen vom Leben nach dem Tode".* Weiterleben - nach dem Tode? Die Antwort der Weltreligionen. Hg. Adel Th. Khoury und Peter Hünermann. Freiburg i. Breisgau [u.a.]: Herder, 1985: 10-60.

Moody, Raymond A. *Life after life: The investigation of a phenomenon - survival of bodily death.* 19.Aufl. New York: Bantam Books, 1977.

Moody, Raymond A. *„Leben nach dem Tod".* Übs. Robert Schnorr. Das Beste aus Reader's Digest 3 (März 1977): 210-236.

Moody, Raymond A. *„Über die Schwelle zum Jenseits".* Das Beste aus Reader's Digest 9 (September 1977): 76-82.

Moody, Raymond A. *„Family Reunions: Visionary Encounters with the Departed in a Modern-Day Psychomanteum".* JNDS 11 (2) (Winter 1992): 83-121.

Moody, Raymond A. *Leben nach dem Tod: Die Erforschung einer unerklärlichen Erfahrung.* Übs. Hermann Gieselbusch und Lieselotte Mietzner. Reinbek b. Hamburg: Rowohlt, 1989a.

Moody, Raymond A. *Nachgedanken über das Leben nach dem Tod.* Übs. Hermann Gieselbusch. Reinbek b. Hamburg: Rowohlt, 1978.

Moody, Raymond A. mit Paul Perry. *Das Licht von drüben: Neue Fragen und Antworten.* 2.Aufl. Reinbek b. Hamburg: Rowohlt, 1989b.

Moody, Raymond A. und Paul Perry. *Blick hinter den Spiegel: Botschaften aus einer anderen Welt.* Übs. Susanne Kahn-Ackermann. München: Goldman, 1994.

Moraldi, Luigi. *Nach dem Tode.* Übs. Martin Haag. Zürich [u.a.]: Benzinger, 1987.

„More on `Not-Close-To-Death Experiences'". VS 1 (4) (November/December 1992): 3-4.

Morse, Melvin und Paul Perry. *Verwandelt vom Licht. Über die transformierende Wirkung von Nah-Todeserfahrungen.* Übs. Barbara Hörmann. München: Knaur, 1994.

Mühlbauer, Josef. *Jenseits des Sterbens: Die Forschung und die Ewigkeit.* 11.Aufl. Bonn: Verlag News Service, 1989.

Murphet, Howard. *Jenseitswelten und Jenseitsleben*. Übs. Rosemarie Breyer. München: Hirthammer, 1991.

Nagel, Tilman: *„Das Leben nach dem Tod in islamischer Sicht"*. Tod und Jenseits im Glauben der Völker. Hg. Hans-Joachim Klimkeit. Wiesbaden: Harrassowitz, 1978, 130-144.

Nah-Todeserfahrungen: Rückkehr zum Leben. Flensburg: Flensburger Hefte Verlag GmbH, 1995.

„NDEs and the Not-Close-To Death Experience". VS 1 (3) (August-September 1992): 1, 11-15.

„Near-Death Experiences and Kundalini Phenomena". VS 2 (2/3) (Spring/Summer 1993): 3-4, 19-20.

Norton, Max C. und James M. Sahlman. *„Describing the Light: Attribution Theorie as an Explanation of the Near-Death Experience"*. JNDS 13 (3) (Spring 1995): 167-184.

Nuland, Sherwin B. *Wie wir sterben: Ein Ende in Würde*. Übs. Enrico Heinemann und Bernhard Tiffert. München: Knaur, 1996.

Osis, Karlis und Erlendur Haraldsson. *Der Tod - ein neuer Anfang*. Übs. Wolfgang Harlacher. Freiburg i. Breisgau: Hermann Bauer, 1978.

Owens, J.E. [u.a.]. *„Features of 'near-death experience' in relation to whether or not patients were near death"*. The Lancet 336 (1990): 1175-1177.

Ozols, Jakob. *„Über die Jenseitsvorstellungen des vorgeschichtlichen Menschen"*. Tod und Jenseits im Glauben der Völker. Hg. Hans-Joachim Klimkeit. Wiesbaden: Harrassowitz, 1978: 14-39.

Pasricha Satwant und Ian Stevenson. *„Near-Death Experiences in India: A Preliminary Report"*. The Journal of Nervous and Mental Disease 174 (3) (1986): 165-170.

Paturi, Felix R. *Phänomene des Übersinnlichen*. Stuttgart: VS Verlagshaus Stuttgart GmbH&Co, 1992.

Perry, Michael. *Gods Within: A Critical Guide to the New Age*. London: SPCK, 1992.

Plöger, Otto. *„Tod und Jenseits im Alten Testament"*. Tod und Jenseits im Glauben der Völker. Hg. Hans-Joachim Klimkeit. Wiesbaden: Harrassowitz, 1978.

Price, Jan. *The Other Side of Death*. New York [u.a.] Ballantine Books, 1996.

Pyszczynski, Tom. „Terror Management Theory and Research: An Overview". Übs. Maria McCleskey. Beiträge zur Thanatologie, Heft 1: 2-10. Johannes Gutenberg-Universität Mainz, 1995.

Randle, Kevin. To Touch The Light. New York, NY: Pinnacle Books, 1994.

„Report on 'Who is IANDS?'". VS 1 (3) (August-September 1992): 2.

Rhodes, Leon S. „The Near-Death Experience Enlarged by Swedenborg's Vision". Anabiosis-The Journal for Near-Death Studies [Reprint] 2 (1) (June 1982): 1-21.

Rhodes, Leon S. Tunnel to Eternity: Swedenborgians look beyond the Near Death Experience. Bryn Athyn: 1996.

Ring, Kenneth. „Religiousness and Near-Death Experiences: An Empirical Study". Theta 8 (3) (Summer 1980): 3-5.

Ring, Kenneth. Den Tod erfahren - das Leben gewinnen: Erkenntnisse und Erfahrungen von Menschen, die an der Schwelle zum Tod gestanden und überlebt haben. Übs. Charlotte Franke. Bern [u.a.]: Scherz, 1984.

Ring, Kenneth. „Amazing Grace: The Near-Death Experience as a Compensatory Gift". JNDS 10 (1) (Fall 1991): 11-39.

Ring, Kenneth und Madeleine Lawrence. „Further Evidence for Veridical Perception during Near-Death Experiences". JNDS 11 (4) (Summer 1993): 223-229.

Ring, Kenneth. A New Book of the Dead: Reflections on the Near-Death Experience and the Tibetan Buddhist Tradition Regarding the Nature of Death. JNDS 12 (2) (Winter 1993): 75-84.

Ring, Kenneth. „Commentary on Stuart W. Twemlow's 'Misidentified Flying Objects?'". JNDS 12 (4) (Summer 1994): 267-272.

Ring, Kenneth. „Solving the Riddle of Frightening Near-Death Experiences: Some Testable Hypotheses and a Perspective Based on a Course in Miracles [i.Original kursiv]". JNDS 13 (1) (Fall 1994): 5-23.

Ring, Kenneth. „Frightening Near-Death Experiences Revisited: A Commentary on Responses to My Paper by Christopher Bache and Nancy Evans Bush". JNDS 13 (1) (Fall 1994): 55-64.

Ring, Kenneth. „The Impact of Near-Death Experiences on Persons Who Have Not Had Them: A Report of a Preliminary Study and Two Replications". JNDS 13 (4) (Summer 1995): 223-235.

Ring, Kenneth. "*A Note on Anesthetically-Induced Frightening 'Near-Death Experiences'*". JNDS 15 (1) (Fall 1996): 17-23.

Ritchie, George mit Elizabeth Sherill. *Rückkehr von Morgen*. 26. Aufl. Marburg: Verlag der Francke-Buchhandlung GmbH, 1996.

Roberts, Glenn und John Owen. "*The Near-death Experience*". British Journal of Psychiatry 153 (1988): 607-617.

Roberts, Scott. "*Network's Study: A Statistician's Joy*". VS 14 (2) (Spring 1995): 4-5.

Rogers, Sandra. *Lessons from the Light: Insights from a Journey to the Other Side*. Atlanta, GA: Warner Books, 1995.

Sagaster, Klaus. "*Grundgedanken des tibetischen Totenbuchs*". Tod und Jenseits im Glauben der Völker. Hg. Hans-Joachim Klimkeit, Wiesbaden: Harrassowitz, 1978: 175-189.

San Filippo, David. *Religious Interpretations of Near-Death Experiences*. Doctoral Candidacy Essay. Orlando, FL: 1993.

Schimmel, Marianne. *Der Islam: Eine Einführung*. Stuttgart: Reclam, 1991.

Schreiner, Peter. *Begegnung mit dem Hinduismus: Eine Einführung*. Freiburg i. Breisgau [u.a.]: Herder, 1984.

Schröter-Kunhardt, Michael. "*Erfahrungen Sterbender während des klinischen Todes: Eine Brücke zwischen Medizin und Religion*". Z. Allg. Med. 66 (1990): 1014-1021.

Schröter-Kunhardt, Michael. "*Nah-Todeserfahrungen: Oder: Ein neues anthropologisches Paradigma.*" TW Neurologie Psychiatrie 6 (Oktober 1992): 621-622.

Schröter-Kunhardt, Michael. "*Das Jenseits in uns*". Psychologie heute (Juni 1993a): 64-69.

Schröter-Kunhardt, Michael. "*A Review of Near Death Experiences*". Journal of Scientific Exploration 7 (3) (1993b): 219-239.

Schröter-Kunhardt, Michael. "*Mögliche neurophysiologische Korrelate des NDE*". Welten des Bewußtseins. Hg. Adolf Dittrich. Berlin: VWB, 1993c.

Schröter-Kunhardt, Michael. "*Erfahrungen Sterbender während des klinischen Todes*". TW Neurologie Psychiatrie 9 (1995): 132-140.

Schröter-Kunhardt, Michael. "*Reinkarnationsglaube und Reinkarnationstherapie: transpersonale Fiktion*". Transpersonale Psychologie und Psychotherapie 2 (1) (1996): 67-83.

Schützinger, Heinrich. „*Tod und ewiges Leben im Glauben des Alten Zweistromlandes*". Hg. Hans-Joachim Klimkeit. Wiesbaden: Harrassowitz, 1978: 48-61.

Schwarz, Hans. „*Interpretationen von Sterbeerfahrungen aus theologischer Sicht*". Evangelium und Wissenschaft, Beiheft 2 (Dezember 1987): 42-48, 51.

Serdahely, William J. „*A Comparison of Retrospective Accounts of Childhood Near-Death Experiences with Contemporary Pediatric Near-Death Experience Accounts*". JNDS 9 (4) (Summer 1991): 219-224.

Serdahely, William J. „*Near-Death Experiences and Dissociation : Two Cases*". JNDS 12 (2) (Winter 1993): 85-94.

Serdahely, William J. „*Variations from the Prototypic Near-Death Experience: The 'Individually Tailored' Hypothesis*". JNDS 13 (3) (Spring 1995): 185-196.

Serdahely, William J. „*Questions for the 'Dying Brain Hypothesis'*". JNDS 15 (1) (Fall 1996): 41-53.

Siegel, Ronald K. „*The Psychology of Life Ater Death*". The Near-Death Experience: Problems, Prospects, Perspectives. Hg. Bruce Greyson und Charles P. Flynn. Springfield, IL: Thomas Books, 1984: 77-120.

Shibayama. *Zu den Quellen des ZEN: Das Standardwerk der Zen Literatur.* Übs. Margret Meilwes. Bern [u.a.]: Scherz, 1988.

Smith, Robert P. „*The Examination of Labels-A Beginning*". JNDS 9 (4) (Summer 1991): 205-209.

Spittler, Johann Friedrich. „*Hirntod - Tod des Menschen*". Spektrum der Wissenschaft (Dezember 1995): 108-110.

Spong, John Shelby. „*From the Liberal-not Literal-Perspective*". VS 14 (4) (Fall 1995): 16.

Spreng, Manfred. „*Ein Beitrag der Hirnphysiologie zum Verständnis der Todesgrenzerlebnisse*". Evangelium und Wissenschaft, Beiheft 2 (Dezember 1987): 9-51.

Steiger, Brad und Sherry Hansen Steiger. *Children of the Light: The Startling and Inspiring Truth About Children's Near-Death Experiences and How They Illume the Beyond.* New York, NY [u.a.]: Penguin Books, 1995.

Steinmetz, Dov. „*Mose's 'Revelation' on Mount Horeb as a Near-Death Experience*" JNDS 11 (4) (Summer 1993): 199-203.

Stevenson, Ian und Bruce Greyson. „Near-Death Experiences: Relevance to the Question of Survival After Death". Journal of the American Medical Association 242 (3) (July 20, 1979): 265-267.

Stevenson, Ian. „American Children Who Claim to Remember Previous Lives". The Journal of Nervous and Mental Disease 171 (12) (1983): 742-748.

Stevenson, Ian [u.a.]. „Are Persons Reporting `Near-Death Experiences' Really Near Death? A Study Of Medical Records". Omega 20 (1) (1989-90): 45-54.

Stevenson, Ian. „Birthmarks and Birth Defects Corresponding to Wounds on Deceased Persons". Journal of Scientific Exploration 7 (4) (1993): 403-410.

Stevenson, Ian. „Six Modern Apparitional Experiences". Journal of Scientific Exploration 9 (3) (1995): 351-366.

Sutherland, Cherie. Reborn in the Light: Life After Near-Death Experiences. New York, NY [u.a.]: Bantam Books, 1995.

Thaler, Stephen L. „Death of a Gedanken Creature". JNDS 13 (3) (Spring 1995): 149-166.

Thaler, Stephen L. „The Death Dream and Near-Death-Darwinism". JNDS 15 (1) (Fall 1996): 25-40.

Thiel, Josef Franz. „Tod und Jenseitsglaube in Bantu-Afrika". Tod und Jenseits im Glauben der Völker. Hg. Hans-Joachim Klimkeit, Wiesbaden: Harrassowitz, 1978: 40-47.

Tiberi, Emilio. „Extrasomatic Emotions". JNDS 11 (3) (Spring 1993): 149-170.

Tiberi, Emilio. „Hedonic Deactivation: A New Human Value for an Advanced Society". JNDS 15 (1) (Fall 1996): 55-69.

Transcending the Limits: The Near-Death Experience. Videokassette. Produktion: Joan Peter für die Seattle International Association for Near-Death Studies (IANDS). Seattle, WA: Video Resource Center, 1993.

Twemlow, Stuart W. „Misidentified Flying Objects? An Integrated Psychodynamic Perspective on Near-Death Experiences and UFO Abductions". JNDS 12 (4) (Summer 1994): 205-233.

Twemlow, Stuart W. „Response to Commentaries on `Misidentified Flying Objects'". JNDS 12 (4) (Summer 1994): 273-285.

„Understanding Fundamentalism and Evangelicalism". VS 14 (4) (Fall 1995): 13-16.

Urban, Martin. *„Im Angesicht des Todes das Gesetz des Lebens erkennen".* Süddeutsche Zeitung (26.10.1993): 10.

Van Dam, Willem C. *Tote sterben nicht: Erfahrungsberichte zwischen Leben und Tod.* Übs. E. van Dam, Peters. Augsburg: Weltbild Verlag, 1995.

„Vicky: A Blind Woman's Two Near-Death Experiences". VS 13 (2) (Spring 1994): 1, 3-8.

Vincent, Ken R. *„Visions of God from the Near-Death Experience".* Burdet, NY: Larson Publications, 1994.

Vogel, Claus. *„Tod und Jenseits nach der Lehre des Buddha".* Tod und Jenseits im Glauben der Völker. Hg. Hans-Joachim Klimkeit, Wiesbaden: Harrassowitz, 1978: 145-157.

Wells, Amber D. *„Reincarnation Beliefs Among Near-Death Experiencers".* JNDS 12 (1) (Fall 1993): 17-34.

Wheeler, David R. *Reise ins Jenseits: Erlebnisse und Erfahrungen in der anderen Welt.* Übs. Günter Hehemann. München: Heyne, 1982.

When Ego Dies: A Compilation of Near-Death & Mystical Conversion Experiences. Houston, TX: Emerald Ink Publishing, 1996.

Widdison, Harold A. und Craig R. Lundahl. *„The Physical Environment in the City of Light".* JNDS 11 (4) (Summer 1993): 239-246.

Wile, Lawrence. *„Near-Death Experiences: A Speculative Neural Model".* JNDS 12 (3) (Spring 1994): 133-142.

Wintek, John C. *A Precious Encounter on the Other Side.* Buffalo, KY: Dogwood River Publishing, o. D.

Wren-Lewis, John. *„The Darkness of God: A Personal Report on Consciousness Transformation Through an Encounter with Death".* Journal of Humanistic Psychology 28 (2) (Spring 1988): 105-122.

Wren-Lewis, John. *„Avoiding the Columbus Confusion: An Ockhamisch View of Near-Death Research".* JNDS 11 (2) (Winter 1992): 75-81.

Wren-Lewis, John. *„Near-Death Experiences: Life after Death - or Eternity Now?".* Modern Believing 35 (2) (1994): 3-10.

Zaleski, Carol. *Nah-Todeserlebnisse und Jenseitsvisionen vom Mittelalter bis zur Gegenwart.* Übs. Ilse Davis Schauer. Frankfurt a. M. [u.a.]: Insel, 1993.

Zimmerli, Walther Ch. und Stefan Wolf (Hg.). *Künstliche Intelligenz: Philosophische Probleme.* Stuttgart: Reclam, 1994.

Zimmermann, Heinrich. *„Tod und Auferstehung im neutestamentlichen Frühchristentum".* Tod und Jenseits im Glauben der Völker. Hg. Hans-Joachim Klimkeit. Wiesbaden: Harrassowitz, 1978: 86-96.

2. Religiöses Schriftgut[499]

Bhagavadgita: Gesang des Erhabenen. Übs. Swami Prabhavananda. Freiburg i. Breisgau: Bauer, 1984.

Das Buch Mormon. Übs. John Taylor und G. Parker Dykes. 20. unveränderte Aufl. Kirche Jesu Christi der Heiligen der letzten Tage, o.O, o. D.

Die Bibel. Aus dem Grundtext übersetzt: Revidierte Elberfelder Bibel. Wuppertal: Brockhaus, 1987.

Die Edda: Göttersagen, Heldensagen und Spruchweisheiten der Germanen. Übs. Karl Simrock. Wiesbaden: Verlag Neues Leben GmbH, 1987.

Der Koran. Übs. Max Henning. Stuttgart: Reclam, 1987.

3. Elektronische Foren und Adressen[500]:

IANDS-Großbritannien: 10014.1637@compuserve.com

IANDS-Homepage: http://www.iands.org/iands

OBEs: http://www.linknet.it/Spirit/obe.html

Paranormale Phänomene: http://www.crown.net/X/NDE.html

---

[499] Es werden hier nur jene Quellen aufgelistet, aus denen unmittelbar zitiert wurde.
[500] Diese und weitere Adressen und Kommunikationsforen finden sich bei den angegebenen Lokalitäten sowie auch in *When Ego Dies*, 1996, 165.

VII. ABKÜRZUNGSVERZEICHNIS.

Exp. (Experiencer): Person mit paranormalem Erlebnis („Erfahrende/r")

OBE (Out-of-Body Experience): Außerkörperlichkeitserfahrung/Autoskopieerlebnis

NDE (Near-Death Experience): z.t. schon eingedeutschter Ausdruck für NTE

NTE: Nah-Todeserfahrung/Nah-Todeserlebnis

JNDS Journal for Near-Death Studies

VS Vital Signs

Vital Signs und *Journal for Near Death Studies* werden von der International Association for Near-Death Studies (IANDS) herausgegeben.[501]

---

[501] Vgl. FN 61.

VIII. ANHANG: STATISTISCHE ERGEBNISSE EINER BEFRAGUNG

1.) Geschlecht: 42% weiblich, 58% männlich - 4 Personen sind dabei doppelt aufgeführt.

2.) Anzahl der gleichen Erlebnisse:

gar keines:	2%
insgesamt nur eines:	79%
insgesamt zwei:	10%
insgesamt drei:	4%
insgesamt vier und mehr:	4%
insgesamt mehr, ohne Zahl:	1%

3.) Anzahl anderer „paranormaler" Erlebnisse:

gar keines:	68%
insgesamt eines:	10%
mehrere:	7%
viele, ohne Zahl:	14%

4.) Berichtsquellen:

47%	haben unmittelbar geantwortet
40%	hatten bereits vorbereitete Berichte,
13%	waren anderweitig bzw. gemischt gehalten

5.) Erlebniszeitpunkt: 40% bis 1975; 44% nach 1975; 16% keine Angaben

6.) Erlebnisalter:

9%	Kindesalter (bis 6 J.)
6%	Grundschulalter (7-10 J.)
2%	Schulzeit (11-14 J.)

(Erlebnisalter) 4% Jugendalter (15-18 J.)
19% Erwachsenenalter, frühes (19-30 J.)
23% Erwachsenenalter, späteres (31-50)
4% Erwachsenenalter, spätes (51-65 J.)
1% Seniorenalter (ab 66 J.)
32% keine Angaben verfügbar

7.) Erlebnisumgebung:

23% zu Hause
36% im Krankenhaus
19% im Straßenverkehr
22% Sonstiges/Keine Angaben

8.) Erlebnistyp:

2% klinischer Tod, ohne Erlebnis
4% OBE
12% NTE-/OBE-artiges Erlebnis
69% NTE
12% anderes Erlebnis

9.) Besonderheiten/Merkwürdige Umstände bei 9% der Fälle.

10.) Religiöse Praxis, derzeit:

10% kaum Ausprägung
16% geringe Ausprägung
15% religiös organisiert, bzw. orientiert
2% starke bis missionarische Haltung
25% esoterische Sichtweise
2% antireligiöse Einstellung
31% keine Angaben

11.) Überdurchschnittliches, auch soziales Engagement bei 21% der Fälle.

12.) Erlebnisumstände:

17%	Plötzliches Hereintreffen
21%	Krankheit
4%	Drogenkonsum
46%	Unfall/plötzl. körperliche Umstände
10%	Medikamentierung/Narkose
4%	unbekannt

13.) Medizinische Umstände:

12%	klinisch tot
27%	Koma/Bewußtlosigkeit
51%	keine Angaben verfügbar

14.) Bewußtlosigkeit: 6% der Fälle bei Bewußtsein, 6% bei teilweiser Bewußtlosigkeit.

15.) Dauer der physiologischen Umstände:

10%	bis 5 Minuten
4%	bis 20 Minuten
10%	bis 1 Stunde
10%	mehrere Stunden
74%	keine Angaben

16.) Ursache für Erlebnisende:

7%	erfolgreiche Reanimation
4%	Medikamentöse, u.a. Beseitigung des Komazustands o.ä.
44%	selbständiges Erwachen
44%	keine Angaben, kein Zutreffen

17.) Unmittelbares Bewußtsein nach Erlebnisende hatten 42% der Fälle.

18.) Klassifikation:

17%	„klassisches" NTE
10%	„untypisches" NTE
48%	„unvollständiges" NTE
4%	OBE
2%	Traumerlebnis
10%	plötzliche Vision/Erfahrung
2%	hervorrufbare Vision
4%	anderes Erlebnis
2%	kein Erlebnis

19.) OBE/Vogelperspektive:

37%	Vogelperspektive
10%	„Beweiskräftige" Vogelperspektive

20.) Wahrnehmungsarten:

30%	keine besondere Wahrnehmung angegeben
21%	besondere Sinnesqualität bemerkt
2%	Fähigkeit zur Sichtung von Gedanken und Gefühlen
6%	Fähigkeit zu anderweitiger besond. Wahrnehmung
6%	Gefühl umfassenden Wissens
1%	Gefühl der Zukunftsvision
2%	Gefühl der Verbundenheit mit Allem
2%	Andere Perzeptionsmöglichkeiten
15%	Mischung mehrerer Faktoren
14%	keine Angaben, kein Zutreffen

21.) Bewegungsmöglichkeiten:

    11%   keine eigenständige Bewegung

    16%   Bewegung analog herkömmlicher Bewegung

    22%   Bewegung auf ganz andere Weise

    51%   keine Angaben/kein Zutreffen

22.) Beschreibung des „Geistkörpers":

    9%   keine besondere Erinnerung

    16%   Analogie zum irdischen Körper

    4%   nur Teile vorhanden/erkennbar

    12%   kein Körper vorhanden

    9%   völlig verschiedener „Geistkörper"

    54%   keine Angaben/kein Zutreffen

23.) Durchgangsstadium:

    40%   Tunnel o.ä. Durchgangsstadium

    5%   anderes Durchgangsstadium

    15%   ohne Durchgangsstadium

    5%   ganzes Erlebnis im Tunnel

    37%   keine Angabe/kein Zutreffen

24.) Visuelle oder auditive Wahrnehmung **dabei** hatten 22%, ganz andere Wahrnehmungen 4%

25.) Generelle auditive Wahrnehmungen hatten 86%, 6% Musik/Instrumente, 1% in gänzlich „unbeschreibbarer" Weise

26.) Wahrgenommene Umgebung:

21%	keinerlei
21%	Natur/Landschaft
1%	Bauwerke
2%	andere Gegenstände
22%	Mischung hieraus
11%	völlig andere Wahrnehmung
23%	keine Angaben/kein Zutreffen

27.) Emotionale Lage/Zeitgefühl:

4%	emotionale Lage, mit Zeitgefühl
41%	emotionale Lage, ohne Zeitgefühl
1%	normale Wahrnehmung, mit Zeitgefühl
28%	relativ normale Wahrnehmung, ohne Zeitgefühl
1%	nur Angabe über emotionale Wahrnehmung
25%	Sonstiges

28.) Treffen von Angehörigen und Personen:

4%	nur Angehörige
17%	nur andere Personen/Wesen
10%	beide Personengruppen
1%	auch bekannte Persönlichkeiten getroffen
68%	Keine Angaben, Sonstiges

29.) Treffen bekannter Objekte und Tiere:

7%	nur Tiere
2%	nur bekannte Bilder
4%	nur bekannte geometrische Formen oder Zahlen
86%	keine Angaben, keine Wahrnehmung

30.) Wahrnehmung anderer -spiritueller etc.- Wesen:

    21%   positiver Art

    2%   negativer Art

    1%   religiöse Gestalten (nicht: gedeutetes Lichtwesen)

31.) Erkennung der Personen/Wesen:

    17%   am Äußeren

    11%   gefühlsmäßig oder anderweitig

    15%   keine Angaben

32.) Kommunikation mit selbigen fand bei 28% der Fälle statt;

    6% der Fälle berichten von Komunikationsorganen irdischer Art;

    42% der Fälle nennen anderweitige Kommunikationsarten.

33.) Antreffen eines Lichtwesen/höheren Wesens/ etc.:

    84%   angetroffen

    14%   nicht angetroffen

    2%   keine Angabe/kein Zutreffen

34.) Deutung des Wesens:

    7%   keine Deutung

    23%   Deutung als Gott im religiösen Sinn

    20%   Deutung als Gott außerh. religiöser Zusammenhg.

    20%   Deutung als Oberbegriff/Güte/Liebe/Licht etc.

35.) Erkennung/Kommunikation mit demselben:

    12%   Kommunikation, Erkennung an Äußerem

    30%   Kommunikation, Erkennung an Ausstrahlung

    4%   keine Kommunikation, Erkennung an Äußerem

    12%   keine Kommunikation, Erkennung an Ausstrahlung

36.) Lebensperspektive bei 39% der Fälle, dabei 16% mit bewußtem Nacherleben.

37.) Moralische Aspekte trafen bei 25% der Fälle zu.

38.) Handlungsanweisungen:

17%	keinerlei
20%	generelle Handlungsanweisungen
9%	direkte Aufträge
1%	religiöse Botschaft

39.) Rückkehrgründe:

22%	keinerlei/Plötzlichkeit
1%	Schranke, Grenze etc.
12%	Erklärung durch das Lichtwesen
2%	Erklärung durch andere Personen/Wesen
5%	Eigener Rückkehrwunsch in Diskussion erfüllt
6%	Aktive Rückkehrabsicht
7%	Mischung hieraus
12%	andere Umstände
33%	keine Angaben, Sonstiges

40.) Bleibenswunsch:

5%	nein
25%	ja
70%	Sonstiges/keine Angaben

41.) Äußere Umstände der Rückkehr:

    9%   Rückkehr wie beim Eintritt

    4%   Andere Rückkehrumstände

    32%   Plötzlichkeit bzw. keine Erinnerung

    6%   Völlig andere Umstände

    49%   keine Angaben, Sonstiges

42.) Vorherige Vogelperspektive:

    23%   nein

    11%   ja

43.) Über ein Eintrittsgefühl in den Körper liegen Daten von 25% der Fälle vor.

44.) Unmittelbare Nachwirkungen:

    1%   Anhaltendes Glücksgefühl

    2%   Schmerzfreiheit

    11%   andere Nachwirkungen

    86%   keine Angaben/kein Zutreffen

45.) Veränderte Einstellung dem Tod gegenüber:

    10%   Verminderung der Angst

    21%   Nunmehrige Angstfreiheit

    4%   Schon immer angstfrei gewesen

    65%   Keine Angaben/Sonstiges

46.) Erhebliche Zunahme sozialen Engagements wurde aus 6% der Fälle ersichtlich.

47.) Veränderte Lebenseinstellung:

  6% keine Veränderung

  15% bemerkbare Veränderung

  46% erheblich veränderte Lebenshaltung

  33% keine Angaben/Sonstiges

48.) Andere Veränderungen:

  9% berufliche Veränderungen

  7% Wechsel bzw. Aufgabe der Religionsgemeinschaft

  5% Familiäre Auswirkungen

  28% Andere Veränderungen

     (2% elektrophysische Sensibilität etc.)

  51% keine Veränderungen/keine Angaben

49.) Bezüglich der Realität des Erlebten nehmen 5 % ausdrücklich eine „Färbung" an

50.) Bekanntheit von OBE/NTE vor eigenem Fall:[502]

  57% nein

  12% ja

  23% fraglich

  8% keine Angaben/kein Zutreffen/Sonstiges

51.) Wiederholung des Erlebnisses:

  5% nicht gewünscht

  17% gewünscht

  78% keine Angabe/Sonstiges

---

[502] Vgl. Frage 5 zum Erlebniszeitpunkt. NTEs wurden ab 1975 durch Moodys Buch bekannt.

52.) Religiöse Momente des Erlebnisses:

    65%   kaum auftretend

    18%   religiöse Prägung des Erlebnisses

    16%   starke Prägung, religiöse Deutung des Erlebnisses

    1%   kein Zutreffen

53.) Religiöse Aussagen treten bei 15% der Fälle auf, moralische Momente bei 27%.

54.) Auswirkung des Erlebnisses auf das weitere Leben:

    4%   geringe Auswirkung

    38%   spürbare Auswirkung

    36%   starke Auswirkungen

    16%   bestimmender Einfluß des Erlebnisses

    6%   keine Angaben, Sonstiges

Alle Angaben beziehen sich auf die Zahl der untersuchten Erlebnisse, nicht auf die zugrundeliegenden Experiencer. Aufgrund der prozentualen Extrapolation kann es bei der Gesamtmenge zu zahlenmäßigen Über- und Unterschreitungen der 100%-Marke kommen. Fehlende Zahlen: Keine Angaben/Sonstiges.

www.ingramcontent.com/pod-product-compliance
Lightning Source LLC
Chambersburg PA
CBHW020125010526
44115CB00008B/983